영어 교과서 단숨에 따라잡는
초등 필수 영어 무작정 따라하기

초등 영어의 핵심을
빠르게 완성해요!

영어 교과서 핵심을 쏙쏙!

초등 영어 교과서 5종을 분석하여 핵심 내용을 각 영역별로 쪼개 체계적인 커리큘럼으로 만들었습니다.

한 권으로 단기 완성!

교과서 필수 내용을 단 한 권으로 압축하여 4년간의 학습을 1~2개월 단기간 집중 마스터할 수 있습니다.

영어 실력이 향상되는 맞춤 학습법!

영어 교육 전문 집필진과 공부 효과를 높이는 학습 설계로 가정에서도 아이들 스스로 학습이 가능합니다.

안녕? 만나서 반가워! 나는 할레옹이야.
내가 가장 좋아하는 과목은 영어야.
그런데 영어가 어렵기만 하다고? 걱정하지 마!
초등학생이라면 꼭 알아야 할
교과서 필수 내용을 한 권에 쏙쏙 담은
'초등 필수 영어 무작정 따라하기'가 있으니까!

영문법 학습 계획표

• 계획표에 따라 공부한 날짜를 적어 보세요.

	1일차	2일차	3일차	4일차	5일차
1주	UNIT 1 ___월___일	UNIT 2 ___월___일	UNIT 3 ___월___일	UNIT 4 ___월___일	UNIT 5 ___월___일
2주	UNIT 6 ___월___일	UNIT 7 ___월___일	UNIT 8 ___월___일	REVIEW TEST ___월___일	UNIT 9 ___월___일
3주	UNIT 10 ___월___일	UNIT 11 ___월___일	UNIT 12 ___월___일	UNIT 13 ___월___일	UNIT 14 ___월___일
4주	UNIT 15 ___월___일	UNIT 16 ___월___일	REVIEW TEST ___월___일	UNIT 17 ___월___일	UNIT 18 ___월___일
5주	UNIT 19 ___월___일	UNIT 20 ___월___일	UNIT 21 ___월___일	UNIT 22 ___월___일	UNIT 23 ___월___일
6주	REVIEW TEST ___월___일	UNIT 24 ___월___일	UNIT 25 ___월___일	UNIT 26 ___월___일	UNIT 27 ___월___일
7주	UNIT 28 ___월___일	UNIT 29 ___월___일	REVIEW TEST ___월___일	UNIT 30 ___월___일	UNIT 31 ___월___일
8주	UNIT 32 ___월___일	UNIT 33 ___월___일	UNIT 34 ___월___일	UNIT 35 ___월___일	UNIT 36 ___월___일
9주	UNIT 37 ___월___일	UNIT 38 ___월___일	UNIT 39 ___월___일	UNIT 40 ___월___일	REVIEW TEST ___월___일

초등 필수 영문법

무작정 따라하기

문단열 지음

길벗스쿨

지은이 **문단열**

EBS〈잉글리시 카페〉를 진행하며 우리나라 1세대 영어 스타 강사로 활동했습니다. 주입식 공부에서 벗어나 영어를 쉽고 재미있게 가르치는 학습법과 핵심을 명쾌하게 설명하는 강의로 많은 인기를 얻었습니다. 영어 교육과 관련된 수많은 방송 활동과 교육 사업을 해왔으며 베스트셀러도 연이어 출간하였습니다. 다른 저서로는 《기적의 파닉스 리딩 1~3》, 《파닉스 무작정 따라하기》, 《Try again! 중학교 교과서로 다시 시작하는 기초 영문법》 등이 있습니다.

초등 필수 영문법 무작정 따라하기
The Cakewalk Series – Basic English Grammar for Kids

개정판 발행 · 2023년 10월 30일
개정판 2쇄 발행 · 2024년 9월 20일

지은이 · 문단열
발행인 · 이종원
발행처 · 길벗스쿨
출판사 등록일 · 2006년 7월 1일 | **주소** · 서울시 마포구 월드컵로 10길 56 (서교동)
대표 전화 · 02)332-0931 | **팩스** · 02)323-0586
홈페이지 · www.gilbutschool.co.kr | **이메일** · gilbut@gilbut.co.kr

기획 및 책임 편집 · 최지우(rosa@gilbut.co.kr) | **표지디자인** · 이현숙 | **제작** · 손일순
영업마케팅 · 문세연, 박선경, 박다슬 | **웹마케팅** · 박달님, 이재윤, 이지수, 나혜연
영업관리 · 정경화 | **독자지원** · 윤정아

편집진행 · 차호윤 | **전산편집** · 이모개미 | **본문디자인** · 이모개미 | **본문삽화** · 플러스툰, 이모개미
녹음 · YR미디어 | **인쇄** · 교보피앤비 | **제본** · 신정문화사

＊ 잘못 만든 책은 구입한 서점에서 바꿔 드립니다.
＊ 이 책은 저작권법에 따라 보호받는 저작물이므로 무단전재와 무단복제를 금합니다.
  이 책의 전부 또는 일부를 이용하려면 반드시 사전에 저작권자와 길벗스쿨의 서면 동의를 받아야 합니다.

ISBN 979-11-6406-569-1 64740 (길벗 도서번호 30553)
정가 17,000원

독자의 1초까지 아껴주는 길벗출판사
㈜도서출판 길벗 | IT교육서, IT단행본, 경제경영서, 어학&실용서, 인문교양서, 자녀교육서
www.gilbut.co.kr
길벗스쿨 | 국어학습서, 수학학습서, 유아학습서, 어학학습서, 어린이교양서, 학습단행본
www.gilbutschool.co.kr

길벗스쿨 공식 카페 〈기적의 공부방〉 · cafe.naver.com/gilbutschool
인스타그램 / 카카오플러스친구 · @gilbutschool

제 품 명 : 초등 필수 영문법
무작정 따라하기
제조사명 : 길벗스쿨
제조국명 : 대한민국
전화번호 : 02-332-0931
주 소 : 서울시 마포구 월드컵로
10길 56 (서교동)
제조년월 : 판권에 별도 표기
사용연령 : 7세 이상
KC마크는 이 제품이 공통안전기준에
적합하였음을 의미합니다.

초등 영문법,
용어와 개념만 잡아도 한결 쉬워져요!

'영어 공부에 문법이 왜 필요하지?' 하고 생각하는 친구들이 많을 거예요. 영어도 언어이기 때문에 우리말처럼 자연스럽게 습득하면 좋겠지만 우리는 영어를 듣고 말할 기회가 너무나도 부족해요. 이때 영어 말의 규칙인 '문법'을 잘 알아 두면 영어를 더욱 빠르고 효과적으로 배울 수 있어요. '문법'을 바탕으로 바르게 영작하고·정확하게 글을 해석할 수 있게 되죠.

영어를 잘 하려고 문법을 배우는데 명사, 동사, 형용사처럼 듣기만 해도 아리송하고 어려운 용어들이 등장하니 참 어렵죠? 특히 영문법은 용어가 곧 개념이기 때문에 무슨 말인지 알아야 이해가 된답니다. 《초등 필수 영문법 무작정 따라하기》는 문법을 처음 시작하는 학생들이 최대한 쉽고 재미있게 문법 용어와 개념을 이해하도록 만들었어요.

영문법인데 설명이 쉬워서 술술 읽혀요!

생소한 문법 용어들을 최대한 일상에서 쓰는 말로 쉽게 풀이했어요. 예문 또한 아이들이 실생활에서 바로 써먹을 수 있는 실용적인 문장들로 담았답니다. 친절한 설명을 술술 읽다 보면 어느새 자연스럽게 문법 내용이 머릿속에 쏙쏙 자리 잡히는 걸 알 수 있을 거예요.

스토리 문법 만화로 더 재미있게 배우고 오래 기억해요!

새로운 캐릭터인 리사와 지호가 펼치는 일상 이야기로 문법 개념의 틀을 잡아요. 만화를 가볍게 보는 것만으로도 어떤 문법을 왜 배우는지 감이 잡히기 때문에 이해도 빨리 되고 재미있는 에피소드로 내용이 더 오래오래 기억에 남아요.

총정리 테스트와 온라인 퀴즈로 확실하게 점검해요!

이번 개정판에서는 어려운 문법 용어와 개념을 완벽하게 점검하기 위해 '총정리 테스트'와 '온라인 문법 개념 퀴즈'를 추가했어요. 중요한 개념을 놓쳤거나 헷갈리는 용어는 없었는지 명확하게 확인하고 간편하게 복습할 수 있어요.

이 책으로 마냥 어렵게만 느껴졌던 문법의 문턱이 조금이라도 낮아지고 하나를 배우면 열을 응용하게 만드는 탄탄한 영어 실력의 토대를 쌓아 보세요!

이 책의 구성과 활용

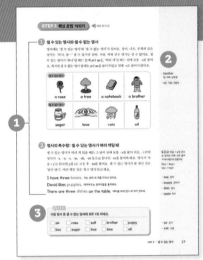

STEP 1 기초 개념 잡기

1. 아이들의 눈높이에 맞춘 친절한 용어 풀이로 기초 개념을 배워요.

2. 리사와 지호의 좌충우돌 일상 스토리로 공부할 문법 개념을 보다 쉽고 재미있게 이해해요.

3. 개념을 상기하는 코너로 주의를 집중시키고 제대로 이해했는지 직접 써 보는 문제로 확인해요.

STEP 2 핵심 문법 익히기

1. 각 Unit별 핵심 문법 내용을 쉽게 풀이하여 아이들 혼자서도 공부할 수 있어요. 설명을 차근차근 읽고 실용적인 예문을 원어민 음원으로 정확하게 들으며 공부하면 이해가 훨씬 빨라요.

2. 모르는 단어는 오른쪽 단어 목록에서 손쉽게 확인이 가능해요.

3. 배운 핵심 문법은 간단한 Quiz를 풀며 바로 연습해요.

4. 추가로 알아 두면 좋을 유용한 문법 내용을 담았어요. 공부하면서 생기는 궁금증을 말끔하게 풀어줄 거예요.

부록 ①

불규칙 동사 변화 100개

반드시 알아야 써먹을 수 있는 불규칙 동사 변화 단어 100개를 담았어요. 우리말 뜻과 동사 변화형을 반복해서 따라 읽고 체크 표시하며 암기해 보세요.

부록 ②

문법 개념 총정리 테스트

문법 개념 총정리 테스트로 기초 개념을 확실히 이해하고 있는지 점검해요. 핵심 문법 개념이 머릿속에 차곡차곡 정리될 거예요.

STEP 3 문제로 확인하기

학습한 문법 용어를 확인하는 개념 문제와 핵심 문법이 적용된 응용 문제를 풀며 자신의 학습 상태를 점검하고 공부한 내용을 제대로 이해했는지 확인해요.

STEP 4 Review Test

각 Part별로 배운 내용을 누적하여 정리한 문제를 통해 자신의 실력을 점검해 보세요. 객관식 문제와 서술형 문제로 출제되었기 때문에 중학교 영어 시험에도 충분히 대비할 수 있어요.

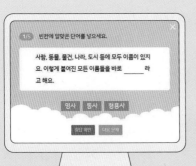

e클래스 온라인 퀴즈

문법 개념 퀴즈

QR코드를 통해 온라인 퀴즈를 풀어 보세요. 어려운 문법 용어와 핵심 개념을 다시 한 번 확실하게 복습할 수 있어요.

길벗스쿨 e클래스

eclass.gilbut.co.kr
• 예문 바로 듣기 및 다운로드
• 문법 개념 퀴즈

길벗스쿨 e클래스 검색창에 도서명으로 검색해 해당 도서 페이지의 오디오 및 온라인 퀴즈를 선택하거나 위의 QR코드를 이용하세요.

초등 영어 교과서 문법 연계표

이 책은 초등학교 3~6학년 영어 교과서와 연계된 문법을 담고 있습니다. 교과서별로 상이하나 초등 영어 교과서에서 배우는 모든 영문법 내용과 중학교 가서 배우는 꼭 필요한 문법을 Unit 1부터 40까지 중요도 순으로 정리했습니다. 일단 처음부터 끝까지 차근차근 한 회 이상 훑어본 뒤, 아이의 학년과 영어 수준에 맞추어 필요한 부분을 집중적으로 공부하면 효과적입니다.

차례	3학년	4학년	5학년	6학년
1 명사	명사의 종류			
2 셀 수 있는 명사, 셀 수 없는 명사	셀 수 있는 명사	셀 수 없는 명사		
3 관사				a, an, the
4 지시대명사	의문사 what과 함께 배우기			
5 인칭대명사		소유격	whose와 함께 소유격 배우기	
6 동사	동사의 종류			
7 형용사			사람 묘사하기, 감탄사로 배우기	
8 부사			부사의 종류	
9 be동사	be동사의 현재			
10 be동사의 의문문		be동사로 묻기		
11 일반동사의 현재형	like로 일반동사에 접근하기		하루 일과를 통해 현재 시제 배우기	
12 일반동사의 부정문	싫어하는 것 말하기			
13 일반동사의 의문문			Do you ~?	
14 현재진행형			현재 활동에 대해 묻기	
15 be동사의 과거형				be동사의 과거형
16 일반동사의 과거형				동사의 과거형
17 과거 의문문			Did you ~?	
18 미래 시제				계획 표현하기

중학교에 가면 배우는 내용이지만 미리 배워 두면 더 좋아요!

중학교에 가면 배우는 내용이지만 미리 배워 두면 더 좋아요!

이 책의 차례

PART 1
영어 문장을 이루는 품사

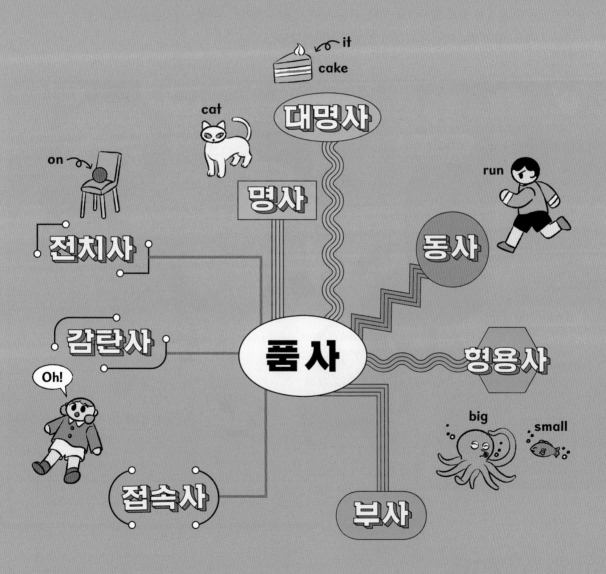

'품사'란 영어 문장을 이루고 있는 명사, 대명사, 동사, 형용사, 부사, 접속사, 전치사, 감탄사 친구들을 말해요! 이 중에서 필요한 품사들이 몇 개씩 모여 문장을 만든답니다. 먼저 명사, 대명사, 동사, 형용사, 부사 친구들부터 만나 볼까요?

UNIT 1 명사
세상의 모든 이름은 명사

우리 주변에는 이름들이 참 많이 있어요. 사람, 동물, 물건, 나라, 도시 등에 모두 이름이 있지요. 이렇게 붙여진 모든 이름들을 바로 **명사**라고 해요. 모든 것에 이름이 있어서 우리는 그것들을 부르고 설명할 수 있는 거예요. 영어에는 어떤 명사들이 있는지 살펴볼까요?

Think & Write

내 주변에 있는 명사를 찾아 써 보세요.

book,

1 모든 물건의 이름은 명사

우리 주변에 있는 모든 물건들의 이름은 다 '명사'예요.

bed	cat	bag
chair	desk	pencil

- bed 침대
- pencil 연필

2 사람 이름도 명사

내 이름, 친구 이름, 내가 좋아하는 가수 이름도 모두 명사예요. 사람의 이름은 세상에 오직 하나뿐인 그 사람을 가리키기 때문에 첫 글자를 꼭 '대문자'로 써요.

I am Sam. 난 샘이야.

Hello, Lisa! 안녕, 리사!

This is Brad. 얘는 브래드야.

Hello, Lisa!

- this 이 사람, 이것

3 우리 동네, 우리나라 이름도 명사

도시나 나라 이름도 모두 명사예요. 이것도 세상에 딱 하나뿐인 곳을 가리키고 있어서 첫 글자는 '대문자'로 써야 한답니다.

I live in Incheon. 저는 인천에 살아요.

Sally lives in Seoul. 샐리는 서울에 살아요.

Peter lives in Germany. 피터는 독일에 살아요.

- live 살다
- Germany 독일

QUIZ

다음 명사 중 알맞게 표현한 것을 골라 ○표 하세요.

1 I am (james / James).

2 She lives in (France / france).

- France 프랑스

④ 먹을 것, 마실 것의 이름도 명사

사람 이름, 도시 이름뿐만 아니라 먹을 것, 마실 것의 이름도 명사예요. 우리가
먹고 마시는 것에는 어떤 이름이 있는지 알아볼까요?

- milk 우유
- water 물
- soda 탄산음료
- like 좋아하다
- drink 마시다
- some 조금

Peter likes pizza. 피터는 피자를 좋아해요.

Can I drink some milk? 우유 좀 마셔도 될까요?

- Korea 한국

이게 궁금해요!

추상 명사

" 책이나 공은 눈에 보이고 손으로
직접 만질 수도 있지만, '생각'이나 '우정'은
눈에 보이지도 않고 만질 수도 없는데
이런 것들도 명사인가요? "

맞아요. '생각'이나 '우정'도 명사예요. '공기'나 '바람' 같은 것들도 눈에 보이
지 않고 손으로 만질 수도 없지만 명사랍니다. 모두 이름을 가지고 있기 때문
이에요. 기억하세요! 모든 것의 이름은 명사예요!

I have an idea. 제게 좋은 생각이 있어요.

Friendship **is forever.** 우정은 영원하다.

우리의
우정도 '명사'!

14

1 다음 문장을 읽고 빈칸에 알맞은 말을 쓰세요.

'명사'란 모든 사물의 [ㅇ | ㄹ] 을 뜻해요.

2 다음 명사들을 아래 해당하는 곳에 나누어 쓰세요.

| bag | desk | Sam | China | Ben |
| pencil | Korea | Japan | Mag | chair |

- Japan 일본
- China 중국

❶ 물건 이름 : _____

❷ 사람 이름 : _____

❸ 나라 이름 : _____

3 다음 문장에서 명사를 찾아 ○표 하세요.

❶ ⟮Andy⟯ rides a ⟮bike⟯. 앤디가 자전거를 타요.

❷ Birds fly in the sky. 새들이 하늘을 날아요.

❸ Tina lives in Italy. 티나는 이탈리아에 살아요.

❹ Paul plays soccer. 폴은 축구를 해요.

❺ Busan is a beautiful city. 부산은 아름다운 도시예요.

- ride
  (자전거 등을) 타다
- bike 자전거
- fly 날다
- soccer 축구
- Italy 이탈리아
- beautiful 아름다운
- city 도시

4 그림을 보고, 명사에 해당하는 것을 <u>모두</u> 골라 영어로 쓰세요.

cake,

_____

_____

_____

- eat 먹다
- happy 행복한

UNIT 2 셀 수 있는 명사, 셀 수 없는 명사

셀 수 있는 책과 셀 수 없는 돈

사람, 동물, 물건, 나라, 도시 등을 가리키는 모든 이름을 명사라고 했죠? 이러한 명사에는 밤하늘의 별처럼 셀 수 있는 명사도 있고, 우유나 물처럼 셀 수 없는 명사도 있어요. 그렇다면 **셀 수 있는 명사**와 **셀 수 없는 명사**에는 어떤 것들이 있고 어떤 형태를 가지는지 알아볼까요?

'돈(money)'이라는 개념 자체는 셀 수 없어요.

Think & Write

셀 수 있는 명사와 셀 수 없는 명사를 두 개씩 써 보세요.

셀 수 있는 명사	셀 수 없는 명사
dog,	milk,

16

1 셀 수 있는 명사와 셀 수 없는 명사

명사에는 '셀 수 있는 명사'와 '셀 수 없는 명사'가 있어요. 장미, 나무, 공책과 같은 명사는 '하나, 둘…' 셀 수 있지만 설탕, 사랑, 비와 같은 명사는 셀 수 없어요. 셀 수 있는 명사가 '하나'일 때는 앞에 a나 an을, '여러 개'일 때는 뒤에 보통 -s를 붙여요. 하지만 셀 수 없는 명사 앞에는 a나 an을 붙이지 않고 뒤에 -s도 붙이지 않아요.

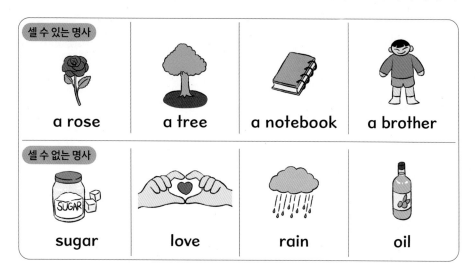

셀 수 있는 명사			
a rose	a tree	a notebook	a brother

셀 수 없는 명사			
sugar	love	rain	oil

• brother
형, 오빠, 남동생

• oil 기름, 식용유

2 명사의 복수형: 셀 수 있는 명사가 여러 개일 때

셀 수 있는 명사가 여러 개 있을 때는 그 단어 뒤에 보통 -s를 붙여 줘요. 그런데 명사가 -x, -o, -s, -ss, -sh, -ch 등으로 끝나면 -es를 붙여야 해요. 명사가 '자음+y'로 끝나면 y를 i로 고친 후 -es를 붙여요. 셀 수 있는 명사가 한 개인 것은 '단수 명사', 여러 개인 것은 '복수 명사'라고 해요.

I have three boxes. 저는 상자 세 개를 가지고 있어요.

David likes puppies. 데이비드는 강아지들을 좋아해요.

There are three dishes **on the table.** 테이블 위에 접시 세 개가 있어요.

TIP '모음 + y'로 끝나는 명사는 뒤에 -s만 붙여서 복수형으로 만들어요.
boy → boys
toy → toys

• box 상자

• puppy 강아지

• dish 접시

• table 탁자

QUIZ

다음 명사 중 셀 수 없는 명사에 모두 V표 하세요.

☐ air ☐ rose ☐ salt ☐ brother ☐ puppy

☐ box ☐ sugar ☐ tree ☐ love ☐ oil

• air 공기

• salt 소금

③ 여러 개일 때 변신을 하는 명사들

셀 수 있는 명사가 여러 개 있을 때 보통은 그 뒤에 -s나 -es를 붙이면 되는데 어떤 명사들은 고집이 세서 그대로 모양을 지키거나, 아예 모양을 바꿔요.

변신하지 않는 명사		
fish ➡ fish	sheep ➡ sheep	deer ➡ deer
변신하는 명사		
tooth ➡ teeth	child ➡ children	foot ➡ feet

- fish 물고기
- sheep 양
- deer 사슴
- tooth 이
- child 아이
- foot 발
- brush one's teeth (이) 닦다

TIP fish는 fish와 fishes 둘 다 복수형으로 쓸 수 있어요. 단, fishes는 물고기 종류가 여러 종이면 쓰고 보통은 fish를 복수형으로 써요.

I'm not a child. 저는 아이가 아니에요.

Go brush your teeth. 가서 양치하렴(이 닦으렴).

QUIZ

단어의 복수형으로 알맞은 것을 골라 ○표 하세요.

1 fish (fish / fishs) 　2 sheep (sheep / sheeps)

3 tooth (teeth / tooths) 　4 child (childs / children)

이게 궁금해요!

항상 복수형인 명사

" 제가 바지를 하나 샀다고 친구에게 자랑했더니 친구가 자꾸 "Show them to me."라고 해요. 전 바지를 하나 샀는데 왜 자꾸 그것(it)이 아니라 그것들(them)을 보여 달라고 하는 거죠? "

셀 수 있는 명사들 중에는 생긴 모습이 두 개가 붙은 것처럼 생겼다고 해서 늘 뒤에 -s를 붙이는 명사들이 있어요. 다리가 두 개인 바지(pants), 알이 두 개인 안경(glasses), 날이 두 개인 가위(scissors) 등이 그것들이죠. 이들은 항상 복수형인 명사들이에요.

자꾸 's'가 따라오네!

PANT

I wear glasses. 저는 안경을 써요.

Do you have scissors? 가위를 갖고 있나요?

연습문제

1 다음 문장을 읽고 알맞은 말을 골라 ○표 하세요.

셀 수 있는 명사가 하나일 때는 (a나 an을 / -s나 -es를) 붙이고, 여러 개 있을 때는
보통 (a나 an을 / -s나 -es를) 붙여요.

2 다음 명사들을 '셀 수 있는 명사'와 '셀 수 없는 명사'로 나누어 쓰세요.

cat	oil	rain	pencil	snow
money	brother	lion	sugar	friend

• friend 친구

1 셀 수 있는 명사 : _____

2 셀 수 없는 명사 : _____

3 다음 단어의 복수형을 쓰세요.

1 a boy _____ **2** a cup _____

3 a baby _____ **4** a watch _____

5 a party _____ **6** a foot _____

7 a dish _____ **8** a deer _____

• watch 손목시계

4 괄호 안의 명사를 복수형으로 만들어 문장을 다시 쓰세요.

1 I have many (toy).

_____

2 Dan likes (puppy).

_____

3 There are some (potato).

_____

4 Three (girl) play basketball.

_____

5 The (child) are my brothers.

_____

• potato 감자
• basketball 농구

UNIT 3 관사
명사가 쓰는 모자 a와 the

STEP 1 기초 개념 잡기

사람들이 머리에 모자를 쓰듯 영어에서는 명사가 쓰는 모자가 있어요. 모자의 이름은 바로 a와 the라는 **관사**예요. sticker라는 명사가 a 모자를 쓰면 '많은 것들 중 어느 하나, 아무거나 하나'인 스티커를 말하고, the 모자를 쓰면 '앞에서 말했던 특별한' 스티커를 말한답니다.

지호가 원하는 the sticker는 바로 펭귄몬이었네요!

Think & Write

다음 문장을 읽고 빈칸에 알맞은 관사를 써 보세요.

I saw *Frozen*. _____ movie was fun.
저는 <겨울왕국>을 봤어요. 그 영화는 재밌었어요.

20

1 '아무거나 하나'라는 모자 a

a라는 모자는 '어느 하나, 아무거나 하나'를 뜻해요. 그래서 a pen 하면 펜의 종류와 상관없이 '펜 하나'라는 뜻이에요. a는 '하나'라는 뜻이 있어서 단수 명사 앞에만 써요.

Tell me a story. 이야기 하나 해 줘. (아무 이야기나)

Give me a pen. 펜 하나 줘 봐. (아무 펜이나)

• **tell** 말하다
• **story** 이야기
• **give** 주다

2 취향이 독특한 모자 an

a와 뜻은 똑같지만 모양이 다른 an이라는 모자도 있어요. 발음이 모음(a, e, i, o, u)으로 시작되는 명사가 나오면 꼭 an이라는 모자를 씌워 주세요. a와 마찬가지로 an도 단수 명사 앞에서 써요.

Get me an umbrella. 우산 하나만 가져다 줘. (아무 우산이나)

This is an orange. 이건 오렌지예요. (아무 오렌지나)

• **umbrella** 우산

3 난 특별하니까! the라는 모자

the라는 모자는 '아무거나'가 아니라 '앞에서 말했던 바로 그것, 특별한 그것'을 말해요. 앞에 나오지 않았더라도 서로가 알고 있는 '그것'일 때도 the를 쓴답니다.

I bought a cap. 야구 모자를 하나 샀어요. (여러 개 중 아무거나)

I lost the cap. 그 야구 모자를 잃어버렸어요. (샀던 그 모자)

Close the door. 문 좀 닫아 줘. (우리가 있는 방의 바로 그 문)

Open the window. 창문 좀 열어 줘. (옆집 창문 말고 우리가 있는 방의 그 창문)

• **bought** 샀다
  (buy의 과거)
• **lost** 잃어버렸다
  (lose의 과거)
• **close** (문을) 닫다
• **open** (문을) 열다

> **QUIZ**
>
> 우리말 해석을 보고 알맞은 관사를 골라 ○표 하세요.
>
> ① Get me (a / an) apple. 사과 하나만 가져다 줘.
>
> ② Meg told me (a / an) story. 메그는 이야기 하나를 내게 말했어요.
>
> (A / The) story was very funny. 그 이야기는 무척 재밌었어요.

• **told** 말했다
  (tell의 과거)
• **funny** 재미있는

④ 아무런 모자도 안 쓸 때

명사 중에는 아예 관사 a, an, the를 쓰지 않는 친구들이 있어요. 대표적으로 아침 식사, 점심 식사, 저녁 식사는 모두 모자를 쓰지 않아요. a dinner나 the dinner라고 하지 않고 그냥 dinner라고 말해요. 하나 더! TV를 본다고 말할 때도 the를 쓰지 않고 watch TV라고 해요. 그런데 'TV를 켜다, 끄다'처럼 '그 TV 기계'를 말할 땐 Turn on the TV.나 Turn off the TV.처럼 the를 붙여요.

I eat breakfast **every day.** 저는 매일 아침을 먹어요.

What do you want for lunch? 점심으로 뭐 먹을까요?

Dinner **is ready!** 저녁 다 됐어요!

- **breakfast**
  아침 식사
- **want** 원하다
- **lunch** 점심 식사
- **dinner** 저녁 식사
- **ready** 준비된

> Dinner is ready!

QUIZ

다음 문장 안에서 가장 알맞은 것을 골라 ○표 하세요.

❶ I ate sandwiches for (a / the / 관사 없음) lunch.

❷ (A / The / 관사 없음) Breakfast is ready!

- **ate** 먹었다
  (eat의 과거)
- **sandwich** 샌드위치

이게 궁금해요!

정관사 the의 쓰임

> "나는 학교에 간다."는 I go to the school. 맞죠?
> 내가 가는 학교는 특별하니까 the를 쓰는 게
> 맞는 거 같은데 왜 go to school인가요?

셀 수 있는 단수 명사 앞에는 꼭 a나 an 또는 the를 써야 한다고 해서 헷갈렸군요. 영어에는 the 없이 하나의 표현으로 굳어진 것들이 있어요. go to school도 마찬 가지예요. 이건 '학교에 (공부하러) 가다'라는 뜻이랍니다. 만일 부모님께서 학교 에 가신다면 그때는 공부하러 가는 게 아니니까 go to the school을 써야 해요.

go to the school

go to school

I go to bed. (잠자리에 들기 위해) 침대로 가요.

I go to church. (예배를 드리러) 교회에 가요.

1 다음 문장을 읽고 빈칸에 알맞은 말을 쓰세요.

'아무거나 하나'는 a나 an을 쓰고, '특별한 것'에는   를 써요.

2 빈칸에 a나 an을 넣어 문장을 바르게 완성하세요.

1 Jane is _____ farmer.

2 I have _____ umbrella.

3 Is it _____ apple?

4 Daniel is _____ English teacher.

5 Do you have _____ pen?

- **farmer** 농부
- **teacher** 선생님

3 밑줄 친 the가 필요하면 ○표, 필요하지 않으면 ✕표 하세요.

1 Close <u>the</u> window, please. (○)   (우리가 있는 방의) 창문 좀 닫아 주세요.

2 He goes to <u>the</u> bed at 10. ( )   그는 10시에 자러 가요.

3 I don't watch <u>the</u> TV. ( )   나는 TV를 보지 않아요.

4 We are having <u>the</u> lunch. ( )   우리는 점심을 먹는 중이에요.

5 Can you open <u>the</u> door? ( )   (우리가 있는 방의) 문 좀 열어 줄래요?

6 I have cereal for <u>the</u> breakfast. ( )   아침으로 시리얼을 먹어요.

- **cereal** (아침 식사로 우유에 말아 먹는) 시리얼

4 괄호 안의 표현 중 가장 알맞은 것을 골라 ○표 하세요.

1 Give me (a pencil / an pencil).

2 Turn off (the TV / a TV).

3 Do you have (a pet / an pet)?

4 What do you want for (a dinner / the dinner / dinner)?

5 I have a guitar. (A guitar / The guitar / Guitar) is in my room.

- **pet** 반려동물
- **guitar** 기타
- **room** 방

지시대명사

이것, 저것, 그것! 가리킬 때 쓰는 대명사

STEP 1 기초 개념 잡기

우리는 이름을 반복해서 부르는 대신 종종 '이것, 저것' 또는 '저 애, 그 애들'이라고 부르잖아요. 이렇듯 서로 알고 있거나, 이미 말한 것들은 '대신 부르는 이름' 즉 **대명사**로 불러요. 특히 this, that, it처럼 사물을 가리킬 때 사용하는 대명사를 **지시대명사**라고 해요.

솜사탕을 가리킬 때 지시대명사 it, this, that을 썼어요!

Think & Write

다음 단어가 내 주변에서 가까이 있으면 this, 멀리 있으면 that을 써 보세요.

문:	창문:	지우개:

24

1 가까이 있는 '이것'은 this

나한테 가까이에 있는 쿠키를 가리키면서 "이거 진짜 맛있어."라고 하잖아요. 여기서 '이거'라는 말을 영어로는 this라고 해요. 이렇게 가까이에 있는 것은 this(이것)라고 불러요.

This is delicious.　이것은 맛있어요.

Is this your bicycle?　이것이 네 자전거니?

- delicious 맛있는
- bicycle 자전거

2 멀리 있는 '저것'은 that

나랑 멀리 떨어져 있는 것을 가리킬 때 쓰는 '저것'은 that이에요.

That is my cap.　저것은 제 야구 모자예요.

Is that your bag?　저것이 네 가방이니?

3 한 번 말했던 '그것'은 it

앞에서 이미 한 번 말했던 '그것'은 it이라고 해요. 그래서 질문에 대답할 때는 주로 it을 써요. 가깝게 있든 멀리 있든 무조건 it이라고 하면 돼요.

What is this?　이건 뭐예요?

It is a clock.　그건 시계예요. (this 대신 it)

What is that?　저건 뭐예요?

It is a chair.　그건 의자예요. (that 대신 it)

- clock 시계

What is this?

It is a clock.

- whose 누구의
- birthday 생일

QUIZ

우리말 해석을 보고 알맞은 지시대명사를 골라 ○표 하세요.

1 Whose umbrella is (this / that)?　저것은 누구의 우산인가요?

2 A: What is this?　이건 뭐예요?

　 B: (It / That) is my birthday cake.　그것은 내 생일 케이크예요.

4 여러 개를 가리킬 때 these와 those

가까이 있는 것들이 여러 개일 경우는 this가 아니라 these를, 멀리 있는 것들이 여러 개일 경우는 that 대신 those를 써요.

What are these? 이것들은 뭐예요?

These **are flowers.** 이것들은 꽃이에요.

What are those? 저것들은 뭐예요?

Those **are birds.** 저것들은 새예요.

• flower 꽃

QUIZ

우리말 해석을 보고 알맞은 지시대명사를 골라 ○표 하세요.

1️⃣ Do you want (these / those)? 이것들을 원하나요?

2️⃣ (These / Those) are my books. 저것들은 내 책들이에요.

이게 궁금해요!

지시형용사

❝ "저거 멋지다!"라는 말이 That is great!라는 것은 알겠어요. 그렇다면 "저 사진 참 멋있다."라고 말할 때 '저 사진'은 뭐라고 해야 하죠? ❞

막연하게 "That's great!"라고 한다면 듣는 친구는 갸우뚱할 거예요. 뭐가 멋지다는 거지? 벽? 사진? 창문? 이럴 때는 콕 집어서 "That picture is great!"라고 말할 수 있어요. 무언가를 콕 집어서 말할 때는 물건 이름 앞에 this, that, these, those를 붙여 주면 돼요.

That jacket is nice! 저 재킷 멋져요!

I like this coat. 저는 이 코트가 맘에 들어요.

다른 거 말고 바로 이 코트(this coat)가 마음에 들어요.

26

1 다음 문장을 읽고 알맞은 말을 골라 ○표 하세요.

'이것'이라는 뜻의 지시대명사는 (this / that)이고, '저것'이라는 뜻의 지시대명사는 that이에요. this의 복수형은 (these / those)이고, that의 복수형은 (these / those)랍니다.

2 우리말 해석을 보고 빈칸에 알맞은 지시대명사를 쓰세요.

❶ Look at _____! 저것 좀 봐!

❷ _____ is my laptop. 이것은 내 노트북이에요.

❸ _____ are my photos. 저것들은 내 사진들이에요.

❹ _____ are old trees. 이것들은 오래된 나무들이에요.

❺ A: Is this yours? 이것이 네 것이니?

　 B: _____ is not mine. 그것은 내 것이 아니에요.

* laptop
　노트북 컴퓨터
* photo 사진
* mine 나의 것

3 우리말 해석을 보고 알맞은 지시대명사를 골라 쓰세요.

this	that	these	those

❶ What is _____? 저건 뭐예요?

❷ Is _____ your jacket? 이거 네 재킷이니?

❸ What are _____? 저것들은 뭐예요?

❹ _____ are my crayons. 이것들은 내 크레용이에요.

* crayon 크레용

4 우리말 해석을 보고 주어진 단어를 이용하여 문장을 만드세요.

❶ 이것이 네 가방이니? your Is this bag ?

_____

❷ 저것이 마음에 드나요? you Do like ? that

_____

UNIT 5 인칭대명사
이름 대신 부를 수 있는 '그 애들'

STEP 1 기초 개념 잡기

나에 대해 말할 때 이름 대신 그냥 '나'라고 하고, 상대방 친구는 '너', 그리고 다른 친구들은 '그 애들'이 라고 하죠. 이렇게 '사람의 이름을 대신해서 쓰는 말'을 **인칭대명사**라고 해요. 영어에서도 '사람 이름을 대신하는 말'이 있어요. '나'는 I, '너'는 you, 남자면 he, 여자면 she라고 해요.

Think & Write

내 가족의 이름을 인칭대명사로 바꿔서 써 보세요.

이름:	인칭대명사:

1 **I** 나는, **you** 너는, **he** 그는, **she** 그녀는, **we** 우리는, **they** 그들은

나는 I, 너는 you, 그 남자애는 he, 그 여자애는 she, 또 우리들은 we, 그 애들은 they! 모두 '은/는'이 붙었어요. 이렇게 '은/는'이나 '이/가'가 붙는 인칭대명사는 보통 문장 맨 앞에 와요.

I am hungry. 저 배고파요.

She is a singer. 그녀는 가수예요.

They are friends. 그들은 친구예요.

- hungry 배고픈
- singer 가수
- friend 친구

2 **me** 나를, **you** 너(희)를, **him** 그를, **her** 그녀를, **us** 우리를, **them** 그들을

"나… 그 여자애를 좋아해."를 영어로 어떻게 말할까요? '그 여자애를, 나를, 너를'처럼 '을/를'이 붙는 경우에는 따로 부르는 이름이 있어요. '나를'은 me, '그 여자애를'은 her을 써요.

People like **me**. 사람들은 저를 좋아해요.

I don't like **him**. 전 그를 좋아하지 않아요.

I trust **them**. 전 그들을 믿어요.

- people 사람들
- trust ~을 믿다

3 **my** 나의, **your** 너(희)의, **his** 그의, **her** 그녀의, **our** 우리의, **their** 그들의

"이건 나의 색연필이야. 저게 너의 색연필이잖아."처럼 내가 가진 물건을 말할 때 '나의'는 my, '너의'는 your로 말해요. 이것들 뒤에는 늘 명사가 따라와요.

My name is Lucy. 내 이름은 루시예요.

Who is **your** teacher? 너의 선생님은 누구시니?

What is **her** name? 그녀의 이름이 뭐예요?

His voice is cool. 그의 목소리는 멋져요.

- voice 목소리
- cool 멋진, 차가운

QUIZ

다음 문장을 읽고 알맞은 단어를 골라 ○표 하세요.

1 Please call (I / my / me) tomorrow.

2 (She / Her / You) is my English teacher.

4 mine 내것, yours 너(희)의것, his 그의것, hers 그녀의것, ours 우리의것, theirs 그들의것

내가 가진 물건을 말할 때 my를 써서 '내 책, 내 방, 내 컴퓨터'라고 하죠. 그런데 이것보다 더 간단하게 말할 수 있는 방법이 있답니다. 바로 mine을 써서 '내 것'이라고 하는 거예요. '네 것'은 yours, '그의 것'은 his, '그녀의 것'은 hers, '그들의 것'은 theirs, '우리의 것'은 ours로 말해요.

Whose smartphone is this? 이것은 누구의 스마트폰인가요?

It's mine. 내 것이에요.　　　　**It's** yours. 네 것이에요.

It's his. 그의 것이에요.　　　　**It's** hers. 그녀의 것이에요.

It's theirs. 그들의 것이에요.　　**It's** ours. 우리의 것이에요.

• smartphone
스마트폰

QUIZ

다음 문장을 읽고 알맞은 단어를 골라 ○표 하세요.

❶ A: Whose bike is this?　　B: It's (my / mine).

❷ A: Whose pen is that?　　B: It's (his / him).

이게 궁금해요!

명사의 소유 표현

“ '내 것'을 표현할 때는 mine, '그 여자애의 것'을 표현할 때는 hers를 쓰는 건 알겠는데요. 그럼 '지호의 것'처럼 어떤 사람의 것은 어떻게 말해요? ”

'지호의'라고 말을 하려면 이름 뒤에 's를 붙여 주면 돼요. 그래서 '지호의'는 Jiho's가 돼요. 여러분이 자주 가는 '맥도날드'도 원래는 McDonald라는 사람 이름에 's가 붙은 거랍니다. 그래서 McDonald's는 우리말로 해석하면 '맥도날드네 햄버거집'으로 생각하면 돼요.

Whose ball is this? 이것은 누구의 공인가요?

It's Lisa's. 리사의 것이에요.

내 공이니까 Lisa's라고 써야지!

1 다음 문장을 읽고 빈칸에 알맞은 말을 쓰세요.

사람의 이름을 대신해서 부르는 말을

ㅇ	ㅊ	ㄷ	ㅁ	ㅅ

라고 해요.

2 그림을 보고 가족 구성원을 가리킬 수 있는 인칭대명사 he나 she를 쓰세요.

3 우리말 해석을 보고 괄호 안에서 알맞은 말을 골라 ○표 하세요.

❶ It is (my / me) cap. 그건 나의 야구 모자예요.

❷ (He / His) face is red. 그의 얼굴이 빨개요.

❸ That is (theirs / their) picture. 저건 그 애들의 사진이에요.

❹ This cake is (our / ours). 이 케이크는 우리 거예요.

❺ (Her / Hers) dad is a good cook. 그녀의 아빠는 요리를 잘하시는 분이에요.

❻ Which one is (your / you) book? 어느 것이 너의 책이니?

· face 얼굴
· picture 사진

4 밑줄 친 단어를 가리키는 알맞은 인칭대명사를 골라 쓰세요.

her	him	them	it	me

❶ This is my friend Paul. I met _____ at school.

❷ I can't find my smartphone. I lost _____.

❸ My socks! Where did you find _____?

❹ I like Jessi. Do you like _____, too?

❺ I feed my dog. He likes _____.

· socks 양말
· find 찾다
· met 만났다 (meet의 과거)
· feed 먹이를 주다

동사

움직이는 동작은 동사!

아침에 일어나서 씻고 밥을 먹고, 학교에 가는 등의 '동작'을 나타내는 말을 모두 **동사**라고 해요. "그럼 동사는 꼭 팔다리를 움직여야만 해요?"라고 묻는 경우가 있는데, 꼭 그렇지는 않아요. 동사도 여러 가지가 있거든요. 자, 동사에 대해 공부해 봅시다.

움직임을 나타내는 말은 모두 '동사'예요!

Think & Write

내가 자주 하는 동작을 나타내는 동사를 써 보세요.

eat,

32

1 일반적인 움직임을 나타내는 일반동사

'일반동사'는 '일반적인 움직임을 나타내는 말'이에요. '먹다, 자다, 마시다, 뛰다'처럼 몸을 직접 움직이는 것이든, '생각하다'처럼 눈에 안 보이는 것이든 우리가 하는 행동은 모두 일반동사로 표현해요.

Let's start. 시작하자.

I watch TV. 저는 TV를 봐요.

They play computer games. 그들은 컴퓨터 게임을 해요.

• start 시작하다

2 동사를 도와주는 조동사

'조동사'는 동사를 도와주는 '도우미'예요. 뒤에 나오는 동사를 도와서 여러 가지 뜻을 전달해 주거든요. I go.는 '나는 간다.'라는 뜻이지만, go 앞에 어떤 조동사가 오느냐에 따라 문장의 뜻이 바뀌어요.

I can go. 저는 갈 수 있어요. (can 할 수 있다)

I must go. 저는 가야만 해요. (must 꼭 ~해야 하다)

I will go. 저는 갈 거예요. (will ~할 것이다)

3 '~이다, ~에 있다, ~하다'는 be동사

'be동사'는 (무엇무엇)이다, (어디)에 있다, (어떠어떠)하다의 뜻을 가진 동사예요. be동사에는 am, are, is가 있는데 주어에 따라 달라져요. I에는 am을, you와 they는 are로 쓰고, he/she/it은 is를 써요.

I am here. 저 여기 있어요.

You are pretty. 당신은 예뻐요.

Jiho is Korean. 지호는 한국인이에요.

Jiho is Korean.

• pretty 예쁜
• Korean 한국인, 한국어, 한국의

• rainbow 무지개
• swim 수영하다

④ 동사는 변신한다!

cry(울다)라는 동사 하나로도 여러 가지 표현이 가능해요. '운다, 울었다, 울 것이다, 울고 있다'처럼 표현할 수 있어요. 동사는 주어에 따라 모양이 바뀌고, 시간에 따라서도 모양이 달라져요. 동사는 다음 Part에서 더 자세히 배울 거예요. 여기서는 일반동사 cry가 어떻게 모양이 바뀌는지만 살펴보아요.

일반동사의 변신

They always cry. 그 애들은 항상 울어요.

The baby always cries. 그 애기는 항상 울어요.

They cried again yesterday. 그 애들은 어제 또 울었어요.

- **always** 항상
- **again** 또, 다시
- **yesterday** 어제
- **now** 지금

QUIZ

우리말 해석을 보고 알맞은 말을 골라 ○표 하세요.

① They (cried / cries) yesterday. 그들은 어제 울었어요.

② Joy (cries / cry). 조이는 울어요.

이게 궁금해요!

주어와 목적어

❝ 이제 '동사'가 뭔지 알 것 같아요. 그런데 새로운 말이 나와서 어려워요. '주어'에 따라 동사가 바뀐다는데 '주어'는 뭐고, 또 '목적어'는 뭔가요? ❞

'주어'는 문장의 주인이 되는 말로, 우리말에서 주어는 보통 '은, 는, 이, 가'로 해석돼요. 예를 들어 "지호는 점심을 먹는다."라는 문장에서 문장의 주인이 되는 주어는 '지호'예요. 그럼 움직임의 대상이 되는 '목적어'는 무엇일까요? '먹는다'가 동사니까 먹는 움직임의 대상인 '점심'이 목적어가 되겠죠. 우리말에서 목적어는 보통 '을, 를'로 해석된답니다.

Jiho eats lunch.
(주어)   (목적어)
지호는 점심을 먹는다.

He eats a sandwich.
(주어)   (목적어)
그는 샌드위치를 먹는다.

1 다음 문장을 읽고 빈칸에 알맞은 말을 쓰세요.

일반적인 움직임을 나타내는 동사는 ┌───┬───┬───┬───┐ 예요.
                                  │ ㅇ │ ㅂ │ ㄷ │ ㅅ │
                                  └───┴───┴───┴───┘

'~이다, ~에 있다, ~하다'라는 의미를 가지는 동사는 be동사예요.

동사를 도와 여러 가지 뜻을 전달하는 동사는 ┌───┬───┬───┐ 예요.
                                          │ ㅈ │ ㄷ │ ㅅ │
                                          └───┴───┴───┘

2 다음 문장에서 동사를 찾아 ○표 하세요.

1 We eat dinner.

2 May is a bus driver.

3 They speak Chinese.

4 Thomas learns taekwondo.

- **bus driver** 버스 운전사
- **speak** 말하다
- **Chinese** 중국어, 중국의, 중국인
- **learn** 배우다

3 괄호 안의 be동사 중 알맞은 것을 골라 ○표 하세요.

1 I (is / am) a nurse.

2 She (is / are) so beautiful.

3 He (is / are) at school.

4 They (is / are) very kind.

- **nurse** 간호사
- **kind** 친절한

4 다음 문장을 우리말로 해석하세요.

1 She can swim.   그녀는 _____.

2 She must swim.   그녀는 _____.

3 She will swim.   그녀는 _____.

5 다음 동사들을 be동사, 일반동사, 조동사로 나누어 쓰세요.

must	is	cry	eat	go
will	are	can	watch	am

1 be동사: _____

2 일반동사: _____

3 조동사: _____

형용사

명사를 꾸며 주는 액세서리

형용사는 명사를 꾸며 주는 액세서리라고 할 수 있어요. 형용사로 명사를 꾸며 주면 '책'은 그냥 책이 아니라 '웃기는 책' 혹은' 재미없는 책'이 되고, '옷'도 그냥 옷이 아니라 '멋있는 옷' 또는 '촌스러운 옷'이 돼요. 이렇게 형용사는 명사를 꾸며 주고 명사에 대해 설명을 덧붙여 준답니다.

sweet, big, small, cute는 모두 형용사예요!

Think & Write

내가 알고 있는 형용사를 써 보세요.

happy,

1 명사의 모양, 상태, 성질을 나타내는 '형용사'

명사를 꾸며 주는 '형용사'는 '큰, 작은'처럼 명사의 모양이나 생김새를 알려 주기도 하고, '행복한, 피곤한'처럼 명사의 기분이나 상태를 말해 주기도 해요. 또 '좋은, 나쁜'처럼 명사의 성질을 나타내기도 한답니다.

Her hair is long. 그녀의 머리카락은 길어요. (모양, 생김새)

I'm happy. 저는 행복해요. (기분)

The weather is nice. 날씨가 좋아요. (성질)

- hair 머리카락
- weather 날씨

2 명사 바로 앞에서 명사 꾸며 주기

형용사는 명사의 바로 앞에 와서 '~한 명사'라고 명사를 꾸며 줘요. 예를 들어 '귀여운 강아지'에서 '강아지'는 명사이고, '귀여운'이 어떤 '강아지'인지 설명해 주고 있으므로 형용사랍니다.

Susie is a funny **girl.** 수지는 재미있는 여자아이예요.

This is a cool **hat.** 이건 멋진 모자네요.

They are good **friends.** 그 애들은 좋은 친구들이에요.

3 be동사(am, are, is) 뒤에서 명사 꾸며 주기

형용사는 be동사 뒤에서 앞의 명사에 대해서 '어떠하다'라고 설명하기도 해요.

I'm sleepy. 저는 졸려요.

My head is big. 제 머리는 커요.

Your ears are red. 귀가 빨개요.

- sleepy 졸린

QUIZ

다음 문장에서 형용사를 찾아 쓰세요.

1 He is a tall boy. ➡ _____

2 This is a scary story. ➡ _____

- tall 키가 큰
- scary 무서운

④ 명사의 양을 알려 주는 형용사 some, many, much

'좋은 친구들, 즐거운 시간'에서 형용사는 '좋은'과 '즐거운'이에요. 그럼 '많은 친구들, 적은 시간'에서 형용사는 무엇일까요? 바로 '많은'과 '적은'이에요. 명사의 많고 적음을 알려 주는 말이니까요. 이렇게 명사의 양이 많고 적음을 나타내는 형용사에는 '약간의'라는 뜻을 가진 some과 '많은'이라는 뜻을 가진 many와 much가 있어요. many 뒤에는 셀 수 있는 명사가 오고, much 뒤에는 셀 수 없는 명사가 와요.

I have some cookies. 제게 쿠키가 좀 있어요.

I have many friends. 저는 친구들이 많아요. (셀 수 있는 명사 friend)

I don't have much time. 저는 시간이 많이 없어요. (셀 수 없는 명사 time)

QUIZ

괄호 안의 표현 중 알맞은 것에 ○표 하세요.

① I have (many / much) books.

② I don't have (many / much) money.

이게 궁금해요!

수량 형용사

❝ 선생님~ many나 much는 둘 다 많다는 건데, 명사에 따라 다르게 쓰니 헷갈려요. 한 번에 쓸 수 있는 단어는 없나요? ❞

> I have a lot of potato chips.

many와 much, 둘 다 '많은'이라는 뜻이지만 쓰이는 때가 다르죠. '하나, 둘…' 셀 수 있는 명사 앞에는 many를 쓰지만, 셀 수 없는 명사 앞에는 much를 써야 해요. 너무 헷갈린다면 a lot of를 써 보세요. a lot of는 '많은'이라는 뜻으로, 셀 수 있는 명사와 셀 수 없는 명사에 모두 쓸 수 있어요.

I have much food. 저는 먹을 게 많아요. → **I have a lot of food.**

I have many potato chips. 저는 감자칩이 많아요. → **I have a lot of potato chips.**

연습문제

1 다음 문장을 읽고 빈칸에 알맞은 말을 쓰세요.

ㅎ	ㅇ	ㅅ

는 명사를 꾸며 주는 역할을 해요.

2 우리말 해석을 보고 알맞은 형용사를 골라 빈칸에 쓰세요.

interesting	delicious	new	pretty

① My computer is _____. 제 컴퓨터는 새 거예요.

② This book is _____. 이 책은 재미있어요.

③ I want a _____ wallet. 저는 예쁜 지갑을 원해요.

④ This soup is _____. 이 수프는 맛있네요.

- interesting
  재미있는, 흥미로운
- delicious 맛있는
- new 새, 새로운
- wallet 지갑

3 다음 문장에서 형용사를 찾아 ○표 하고 반대말을 찾아 쓰세요.

① She is tall. ➡ _____

② I am sad. ➡ _____

③ He is kind. ➡ _____

④ It's a hot day. ➡ _____

⑤ My dog is wet. ➡ _____

happy
dry
cold
short
unkind

- wet 젖은
- unkind 불친절한

4 다음 괄호 안의 형용사 중 알맞은 것을 골라 ○표 하세요.

① You have (many / much) books.

② I don't drink (many / much) water.

③ She buys (many / much) apples.

④ We have too (many / much) homework.

⑤ How (many / much) pencils do you have?

- buy 사다
- too 너무 ~한
- homework 숙제

STEP 1 기초 개념 잡기

부사는 문장을 화려하게 꾸며 줘요. 형용사는 명사만 꾸미지만 부사는 형용사, 부사, 동사를 꾸며 줘요. "영화 재미있었어."보다는 '얼마나' 재미있었는지 말해 주는 게 좋겠죠? "정말 재미있었어."처럼요. "오늘 잘 놀았어."를 '어떻게' 잘 놀았는지 말한다면 "신나게 잘 놀았어."라고 말할 수 있겠죠. 이렇게 '얼마나 ~하다', '어떻게 ~하다'라는 걸 나타내는 게 바로 부사예요.

'부사'를 넣어 더 생동감 있게 표현할 수 있어요!

Think & Write

나는 어떻게 춤출 수 있는지 마음에 드는 부사를 골라 문장을 완성하세요.

I can dance _____.

보기 happily, slowly, well

40

1 명사 빼고 모두 꾸며 주는 부사

형용사는 명사를 꾸미고 '부사'는 동사, 형용사, 다른 부사를 꾸며 줘요.

I get up early. 저는 일찍 일어나요. (동사 get up을 꾸며요.)

The bird is very cute. 그 새는 아주 귀여워요. (형용사 cute를 꾸며요.)

He runs so fast. 그는 정말 빨리 달려요. (부사 fast를 꾸며요.)

- get up 일어나다
- cute 귀여운
- early 일찍
- fast 빠르게

2 부사는 '얼마나 ~하다, 어떻게 ~하다'

부사에는 크게 '얼마나 ~하다', '어떻게 ~하다'라는 두 가지 의미가 있어요. "영화가 정말 재미있었어요."에서 영화가 얼마나 재미있었는지를 설명해 주는 '정말'이 부사랍니다.

The movie was so funny. 그 영화는 정말 재미있었어요. (얼마나?)

Listen carefully. 잘 들어 봐. (어떻게?)

- carefully 주의 깊게

3 -ly를 붙여 요리조리 부사 만들기

부사는 대부분 형용사 끝에 -ly를 붙여서 만들 수 있어요. '~한'이었던 형용사에 -ly를 붙이면 '~하게'라는 뜻이 된답니다. 만일 형용사가 y로 끝나면 -y를 i로 고친 후에 -ly를 붙여야 해요.

부사의 형태		
형용사+-ly	slow → slowly nice → nicely	예 He walks slowly. 그는 느리게 걸어요. 예 She draws pictures nicely. 그녀는 멋있게 그림을 그려요.
-y로 끝나는 형용사 → 형용사+-ily	easy → easily happy → happily	예 I solved the puzzle easily. 저는 쉽게 퍼즐을 풀었어요. 예 I can dance happily. 나는 행복하게 춤출 수 있어요.

- draw 그리다
- nicely 멋지게, 좋게
- solve 풀다
- easily 쉽게

QUIZ

다음 형용사를 부사로 만들어 쓰세요.

1 quiet → _____   2 lucky → _____

3 angry → _____   4 bad → _____

- quiet 조용한
- lucky 행운의
- angry 화난

4 '얼마나 자주?' 빈도수를 말해 주는 부사들

친구에게 "너 운동 얼마나 자주 하니?"라고 묻는다면 "하루에 한 번 해./자주 해./가끔./아니, 절대 안 해." 등으로 대답할 거예요. 이럴 때 쓰이는 게 바로 '얼마나 자주'를 나타내는 '빈도부사'들이에요. 이런 빈도부사에는 always(항상), usually(보통), often(자주), sometimes(가끔), never(절대 ~않다) 등이 있어요.

I **always** lie. 저는 늘 거짓말을 해요.
(내가 열 마디를 하면 그게 다 거짓말이야.)

always 🙂 100%

I **usually** lie. 저는 보통 거짓말을 해요.
(열 마디 중 한두 마디 빼고는 다 거짓말이야.)

usually 😊 80~90%

I **often** lie. 저는 종종 거짓말을 해요.
(usually 보다는 조금, sometimes보다는 많이 하지.)

often 🙂 60~70%

I **sometimes** lie. 저는 가끔 거짓말을 해요.
(난 거짓말을 할 때도 있고 안 할 때도 있어.)

sometimes 😮 40~50%

I **never** lie. 저는 절대 거짓말을 하지 않아요.
(거짓말은 아예 안 해.)

never 😠 0%

• lie 거짓말하다

QUIZ

우리말 해석을 보고 알맞은 말을 골라 ○표 하세요.

❶ She (always / often) arrives at 7 a.m. 그녀는 항상 7시에 도착해요.

❷ You (sometimes / never) help me. 당신은 절대 나를 돕지 않네요.

• arrive 도착하다

이게 궁금해요!

부사의 형태

" 부사를 만드려면 형용사 뒤에 -ly를 붙이잖아요. 그래서 good이 goodly인줄 알았는데 well이더라고요! 왜 형용사에서 모양이 달라진 건가요? "

부사의 형태는 매우 다양해요. 대부분은 형용사에 -ly를 붙이면 되지만 well 처럼 형용사 good과 아예 다른 모양을 가진 부사도 있답니다. 어떤 형용사는 부사와 모양이 똑같은 것들도 있어요. 이런 부사들은 따로 외워두면 좋겠죠?

I run fast!

형용사와 모양이 아예 다른 부사	good 좋은 ➡ well 잘	
형용사와 모양이 같은 부사	fast 빠른 ➡ fast 빠르게	late 늦은 ➡ late 늦게
	early 이른 ➡ early 이르게	high 높은 ➡ high 높게

1 다음 문장을 읽고 빈칸에 알맞은 말을 쓰세요.

부사는 | ㄷ | ㅅ | , | ㅎ | ㅇ | ㅅ | , | ㅂ | ㅅ | 를 꾸며 줘요.

2 괄호 안의 형용사와 부사 중 알맞은 것을 골라 ○표 하세요.

❶ I have a (nice / nicely) computer.

❷ Please listen (careful / carefully).

❸ My dog is (noisy / noisily).

❹ The sun shines (bright / brightly).

* noisy 시끄러운
* shine 빛나다
* bright 밝은

3 아래의 형용사를 부사로 고치거나 부사의 우리말 뜻을 적으세요.

❶ sad　➡ _____ (슬프게)

❷ kind　➡ kindly (　　)

❸ easy　➡ _____ (쉽게)

❹ happy　➡ happily (　　)

❺ slow　➡ _____ (느리게)

❻ safe　➡ _____ (안전하게)

* safe 안전한

4 우리말 해석을 보고 알맞은 빈도부사를 골라 쓰세요.

| always | usually | often | sometimes | never |

❶ I _____ go to the movies.　저는 종종 영화를 보러 가요.

❷ I _____ wash my feet.　저는 항상 발을 씻어요.

❸ I _____ go to public baths.　저는 절대 대중목욕탕에 가지 않아요.

❹ I _____ get perfect scores.　저는 가끔 만점을 받아요.

❺ I _____ get up at 8 a.m.　저는 보통 8시에 일어나요.

* public bath 대중목욕탕
* perfect score 만점

1 다음 문장에서 명사를 <u>모두</u> 골라 ○표 하세요.

① My teacher has a book.

② Andy lives in Seoul.

③ Drink some milk.

④ Chris is Korean.

⑤ Amy rides a bike.

⑥ Dan is a student.

2 다음 명사의 복수형을 쓰세요.

① a carrot ➡ ＿＿＿＿＿＿

② a dish ➡ ＿＿＿＿＿＿

③ a puppy ➡ ＿＿＿＿＿＿

④ a deer ➡ ＿＿＿＿＿＿

⑤ a watch ➡ ＿＿＿＿＿＿

⑥ a child ➡ ＿＿＿＿＿＿

⑦ a brother ➡ ＿＿＿＿＿＿

⑧ a tooth ➡ ＿＿＿＿＿＿

3 우리말 해석을 보고 알맞은 관사를 골라 ○표 하세요.

① I don't have (a / an) car. 저는 차가 없어요.

② Do you have (a / an) umbrella? 너는 우산이 있니?

③ She can read (a / an) book. 그녀는 책을 읽을 수 있어요.

④ We will meet (a / an) English teacher. 우리는 영어 선생님을 만날 거예요.

4 빈칸에 알맞은 관사(a, an, the)를 넣어 문장을 바르게 완성하세요.

① Give me ＿＿＿＿ orange.

② My father is ＿＿＿＿ dentist.

③ I have ＿＿＿＿ question.

④ His uncle is ＿＿＿＿ artist.

⑤ Turn off ＿＿＿＿ TV.

⑥ Open ＿＿＿＿ door.

5 다음 문장을 읽고 빈칸에 알맞은 단어를 골라 쓰세요.

it	this	that	these	those

1 What is _____? 저건 뭐예요?

2 _____ are my shoes. 저것들은 제 신발이에요.

3 _____ laptop computer is not heavy. 이 노트북은 무겁지 않아요.

4 A: What is this? 이게 뭐야?

B: _____ is a present for you. 그건 너를 위한 선물이야.

5 _____ are my friends. 이 애들은 제 친구들이에요.

6 다음 문장을 읽고 빈칸에 알맞은 대명사를 쓰세요.

1 This is my uncle. _____ is a doctor.

2 He is a good singer. _____ voice is amazing.

3 Who is that man? Do you know _____?

4 I don't remember her. What is _____ name?

5 I have many friends. _____ like me.

7 다음 문장에서 밑줄 친 부분을 바르게 고쳐 쓰세요.

1 The teddy bear is <u>him</u>. 그 곰인형은 그의 것이에요. ➡ _____

2 That doll is <u>my</u>. 저 인형은 내 것이에요. ➡ _____

3 The ball is <u>you</u>. 그 공은 네 것이에요. ➡ _____

4 The books are <u>them</u>. 그 책들은 그들의 것이에요. ➡ _____

5 The cookies are <u>her</u>. 그 쿠키는 그녀의 것이에요. ➡ _____

8 우리말 해석을 보고 빈칸에 알맞은 조동사를 쓰세요.

1 I _____ swim. 저는 수영할 수 있어요.

2 I _____ go to Dan's birthday party. 저는 댄의 생일 파티에 가야만 해요.

3 I _____ learn taekwondo. 저는 태권도를 배울 거예요.

4 I _____ speak five languages. 저는 5개 국어를 말할 수 있어요.

5 I _____ wash the dishes. 제가 설거지를 할 거예요.

9 그림을 보고 빈칸에 many나 much를 넣어 문장을 바르게 완성하세요.

1

My writing has _____ mistakes.

제 글에 많은 실수가 있어요.

2

How _____ money do you have?

당신은 돈을 얼마나 가지고 있나요?

3

She has _____ foreign friends.

그녀는 많은 외국인 친구들이 있어요.

4

We don't have _____ time.

우리는 많은 시간을 가지고 있지 않아요. (우리는 시간이 별로 없어요.)

10 괄호 안의 형용사와 부사 중 알맞은 것에 ○표 하세요.

1 She is so (angry / angrily).

2 He helps me (kind / kindly).

3 I get (perfect / perfectly) scores.

4 Please walk (careful / carefully).

PART 2

동사 따라잡기 ①

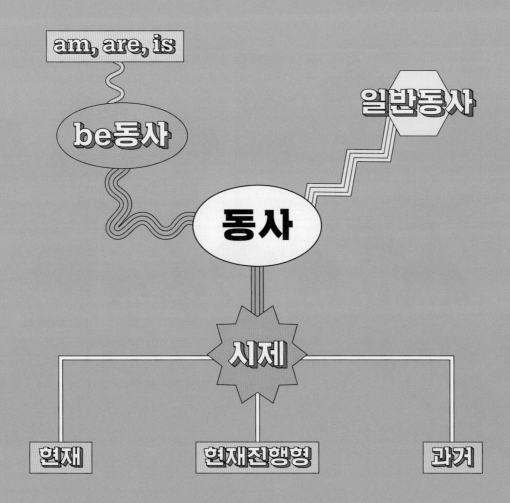

동사에는 시제가 있어서 시간에 따라 현재로 가자~, 과거로 가자~, 미래로 가자~ 하고 변신할 수 있어요. 그런데 어떻게 변하냐고요? 동사는 변덕쟁이라서 그때그때 달라요. 자, 지금부터 동사에 대해 자세히 알아볼까요?

UNIT 9 be동사

'~이다, ~에 있다, ~하다'

'~이다, ~에 있다, ~하다'라는 세 가지 뜻을 가지고 있는 **be동사**에는 **am, are, is**가 있어요. 의미는 모두 같지만, 주어에 따라 be동사 모양이 달라져요. 주어가 I일 때는 am, 주어가 you, we, they일 때는 are, 그 밖에 he, she, it일 때는 is를 써요.

Think & Write

be동사의 의미 세 가지를 써 보세요.

1 be동사의 의미

'be동사'에는 '~이다, ~에 있다, ~하다'의 세 가지 뜻이 있어요.

I am Alice. 저는 앨리스예요. (~이다)

I am in New York. 저는 뉴욕에 있어요. (~에 있다)

I am happy. 저는 행복해요. (~하다)

2 be동사의 종류

be동사는 주어에 따라 am, are, is로 모양이 달라져요.

1인칭	I 나	am
	we 우리	are
2인칭	you 너/너희들	are
3인칭	he 그	is
	she 그녀	
	it 그것	
	they 그들	are

I am tired. 저는 피곤해요.

We are firefighters. 우리는 소방관이에요.

You are my friend. 당신은 제 친구예요.

He is tall. 그는 키가 커요.

She is from Canada. 그녀는 캐나다 사람이에요.

They are my cousins. 그들은 내 사촌이에요.

TIP '인칭'은 나를 기준으로 한 상대방과의 관계를 말해요. '나'가 기준이므로 나는 항상 1인칭이에요. '너, 너희들'은 2인칭 나, 너 이외의 모든 상대방은 3인칭이에요.

· tired 피곤한
· firefighter 소방관
· cousin 사촌

QUIZ

알맞은 be동사를 골라 ○표 하세요.

1 We (am / are / is) from Jeju.

2 Evan (am / are / is) my best friend.

3 '아니야'라고 말할 땐 not

"슬퍼요."는 I am sad. 그렇다면 "슬프지 않아요."라고 하려면 어떻게 해야 할까요? 이럴 때는 '아니야'라는 뜻의 not을 be동사 뒤에 붙이면 돼요. 그래서 I am not sad.라고 만들어요. 이렇게 be동사의 부정문을 만들 때는 be동사 뒤에 not을 붙이면 돼요.

I am not **happy.** 전 행복하지 않아요.

Tony is not **my friend.** 토니는 제 친구가 아니에요.

The cat is not **fat.** 그 고양이는 뚱뚱하지 않아요.

We are not **twins.** 우리는 쌍둥이가 아니에요.

They are not **at home.** 그들은 집에 없어요.

- **fat** 뚱뚱한
- **twins** 쌍둥이

We are not twins!

이게 궁금해요!

be동사의 줄임말

" I am을 제 친구가 자꾸 I'm… 암… 하고 얼버무려요. 근데 잘 들어 보니 우리 영어 선생님도 암… 하시네요? 암…이 도대체 뭐예요? "

I am을 줄여서 I'm으로 말할 때, '암'으로 들릴 거예요. 자주 쓰는 말인데 길게 쓰면 불편하기 때문에 주어와 be동사를 아래처럼 줄여서 사용해요. I'm과 you're처럼 줄임말에는 '(아포스트로피)가 쓰인답니다.

I am → I'm   you are → you're   it is → it's

he is → he's   she is → she's

we are → we're   they are → they're

I'm a student!

1 다음 문장을 읽고 알맞은 말을 골라 ○표 하세요.

'~이다, ~에 있다, ~하다'라는 뜻을 가진 동사는 (일반동사 / be동사)예요.

2 다음 문장의 빈칸에 알맞은 be동사를 쓰세요.

❶ I _____ happy.　　　　❷ You _____ tall.

❸ They _____ cute.　　　　❹ She _____ a teacher.

❺ Chris and Sandy _____ kind.

3 다음 be동사의 의미 중 알맞은 것을 골라 기호로 쓰세요.

> ⓐ ~이다　　　　ⓑ ~하다　　　　ⓒ ~에 있다

❶ They are in the park.　_____　❷ We are happy.　_____

❸ The cup is on the table.　_____　❹ I am Clare Lee.　_____

❺ Olivia is tired.　_____

4 빈칸에 주어와 be동사를 줄여서 쓰세요.

❶ I am Brian.　　➡ _____ Brian.

❷ He is smart.　　➡ _____ smart.

❸ She is a teacher.　➡ _____ a teacher.

❹ They are rude.　➡ _____ rude.

❺ You are a scientist.　➡ _____ a scientist.

• rude 무례한

• scientist 과학자

5 다음 문장에 not을 넣어 부정문으로 바꿔 쓰세요.

❶ He is in New York.　　_____

❷ She is funny.　　_____

❸ This is my room.　　_____

❹ Kevin is my brother.　　_____

❺ They are at the park.　　_____

• park 공원

be동사의 의문문
궁금할 땐 be동사가 용감하게 나선다!

STEP 1 기초 개념 잡기

You are sleepy.는 "너 졸려."인데, "졸리니?"라고 말하려면 어떻게 해야 할까요? 이때는 be동사인 are 가 문장 맨 앞으로 나가면 돼요. 그럼 Are you sleepy?가 되겠죠? 이렇게 be동사는 평소에는 주어 뒤 에 있지만, 질문을 할 때는 용감하게 문장 맨 앞으로 나간답니다.

의문문에서는 be동사가 문장 맨 앞으로 나와야 해요!

Think & Write

다음 문장을 의문문으로 만들 때 맨 앞으로 나가는 단어는 무엇인지 써 보세요.

It is a ball. ➡

1 Are you ~? 너에게 묻기

you(너)에게 질문을 하려면 be동사 are이 앞으로 와서 Are you ~?라고 물어
보면 돼요.

Are you happy? 기분 좋니?

Are you hungry? 배고프니?

Are you upset? 속상하니?

• upset 속상한

2 Is he ~?, Is she ~? 그 사람에 대해 묻기

지금 여기에 없는 다른 사람에 대해 물어볼 때는 he나 she를 사용해요. Is he/
she ~?라고 하면 된답니다. he나 she 대신 your sister처럼 궁금한 사람을 직접
넣을 수도 있어요.

Is he a cook? 그는 요리사니?

Is she your mother? 그분이 너의 엄마시니?

Is your sister tall? 너희 언니는 키가 크니?

• cook 요리사

3 Are you ~?, Are they ~?, Are we ~? 여러 명에 대해 묻기

너희들(you)이든, 우리들(we)이든, 그 애들(they)이든 한 명이 아니라 여러 명
일 때는 무조건 are를 써서 질문할 수 있어요. you, they 대신 your friends처럼
사람들을 직접 넣을 수도 있어요.

Are you ready? 너희들 준비됐니?

Are we late? 우리 늦었니?

Are they your friends? 그들이 네 친구들이니?

Are your friends funny? 네 친구들은 재미있니?

TIP you는 '너' 한 명
을 가리키거나 '너희들'처
럼 여러 명일때도 똑같이
you로 써요!

> ### QUIZ
> 우리말 해석을 보고 알맞은 be동사를 쓰세요.
>
> ❶ _____ you thirsty? 너 목마르니?
>
> ❷ _____ your brother tall? 너희 형은 키가 크니?

• thirsty 목마른

4 be동사의 의문문에 대답하기

친구가 Are you hungry?라고 물을 때 "응, 배고파."라고 하려면 Yes, I am.이라고 해요. 이미 친구가 hungry하냐고 물어봤으니까 hungry라는 말을 빼고 그냥 I am까지만 해도 다 알아들을 수 있거든요. "응, 그래." 할 때는 Yes, I am. "아니, 안 그래." 할 때는 not을 써서 No, I am not.이라고 해요.

Are you angry? 화났니?

Yes, I am. 네, 맞아요.

No, I am not. 아니요, 아니에요.

• angry 화난

Is he your brother? 그가 네 형이니?

Yes, he is. 네, 맞아요.

No, he is not. 아니요, 아니에요.

Are these your books? 이것들은 네 책이니?

Yes, they are. 네, 맞아요.

No, they are not. 아니요, 아니에요.

QUIZ

다음 물음에 알맞은 대답을 골라 V표 하세요.

1 Is he late? ☐ No, she is. ☐ No, he is not.

2 Are you okay? ☐ Yes, I am. ☐ Yes, you are.

• far 먼

이게 궁금해요!

다양한 형태의 부정문

" 친구가 "Is your brother tall?" 하고 물을 때 "
"아니야, 안 커."라고 대답하려면 어떻게 하죠?
① No, he is not. ② No, he's not. ③ No, he isn't.
중에 뭐라고 말해야 할지 잘 모르겠어요.

사실은 ①, ②, ③ 모두 정답이에요. ①은 형이 키가 안 크다고 했으니 not을 써서 No, he is not.이라고 하면 되니까 정답! ②는 주어와 be동사가 만나면 줄여서 쓸 수 있으니까 he is는 he's로 쓰고 뒤에 not을 붙여서 정답! 마지막으로 ③은 be동사 뒤에 not이 오면 줄여서 쓸 수 있으므로 is not을 isn't로 줄여 쓴 것이라 정답이에요. 마찬가지로 are not은 aren't로 쓸 수 있지만 am not은 amn't로 줄여서 쓸 수 없다는 것도 기억하세요!

3개가 다 정답이라니!
모든 시험 문제가
다 이러면 좋을 텐데!

1 다음 문장을 읽고 빈칸에 알맞은 말을 쓰세요.

be동사가 있는 문장의 [○][□][□] 을 만들 때는 be동사를 문장의

맨 앞으로 보내면 돼요.

2 괄호 안의 be동사 중 알맞은 것을 골라 ○표 하세요.

① (Is / Are) they angry?

② (Is / Are) Tony smart?

③ (Is / Are) you nervous?

④ (Is / Are) your sister funny?

• nervous 긴장한

3 다음 질문에 알맞은 대답을 빈칸에 쓰세요.

① Are you hungry?   No, I'm _____.

② Are these your glasses?   Yes, _____.

③ Is your brother at home?   No, _____.

④ Are they soccer players?   Yes, _____.

⑤ Are you a singer?   No, I'm _____. I'm a dancer.

⑥ Is your brother in the third grade?

     No, he's _____. He's in the second grade.

• free 무료의

• grade 학년

4 주어진 단어를 이용하여 의문문을 만드세요.

① you / hungry / Are / ?   _____

② Is / kind / ? / she   _____

③ Are / ? / thirsty / you   _____

④ Is / smart / he / ?   _____

⑤ ? / Canadian / Are / you   _____

• Canadian
  캐나다 사람, 캐나다의

일반동사의 현재형

일반적인 사실, 늘 하는 일, 습관은 현재형을 쓴다!

STEP 1 기초 개념 잡기

일반적인 사실, '내가 늘 하는 일, 버릇이나 습관처럼 하는 일'을 표현할 때는 **동사의 현재형**을 써요. 예를 들어 I run to school.이라고 하면 "나는 (늘) 학교에 뛰어서 와요."라는 뜻이 돼요.

make the bed
침대를 정리하다

drink water
물을 마시다

eat breakfast
아침을 먹다

brush teeth
이를 닦다

wake up
일어나다

get dressed
옷을 입다

feed the cat
고양이에게 밥을 주다

go to school
학교에 가다

매일 반복하는 행동은 모두 현재형으로 표현해요!

Think & Write

아침에 늘 하는 일 중 하나를 골라 문장을 만들어 보세요.

1 **일반적인 사실이나 늘 하는 일을 말하는 현재형**

'일반적인 사실'이나 '늘 반복되는 일, 습관처럼 하는 행동'을 말할 때, 동사의 현재형을 써요. 주어 I 뒤에 오는 동사의 현재형은 동사원형이에요.

A day has **24 hours.** 하루는 24시간이에요. (일반적인 사실)

I eat **cereal for breakfast.** 저는 아침 식사로 시리얼을 먹어요. (반복적인 일)

I play **soccer every Sunday.** 저는 일요일마다 축구를 해요. (습관처럼 하는 행동)

· hour 시간

2 **동사에 –s가 붙는 현재형: 3인칭 단수 주어(he, she, it)**

주어가 3인칭 단수 주어(he, she, it)인 경우 동사 뒤에 –s를 붙여서 모양을 바꿔요.

He likes **comic books.** 그 애는 만화책을 좋아해요.

Susie hates **spiders.** 수지는 거미를 싫어해요. (Susie = she)

My dad works **at a bank.** 우리 아빠는 은행에서 일하세요. (My dad = he)

· comic book
　만화책
· spider 거미
· bank 은행

3 **–s가 아니라 –es를 붙여 모양이 변하는 동사들**

주어가 he, she, it(3인칭 단수)이면서 동사가 –s, –sh, –ch, –o로 끝나는 경우 동사는 뒤에 –s 대신 –es를 붙여야 해요.

She brushes **her teeth at night.** 그녀는 밤에 이를 닦아요.

Mr. Kim teaches **English.** 김 선생님은 영어를 가르쳐요.

Peter goes **to school at 8.** 피터는 8시에 학교에 가요.

· night 밤

QUIZ

괄호 안의 동사를 현재형으로 바꾸어 빈칸에 쓰세요.

❶ Dorothy ＿＿＿＿＿＿＿＿＿ well. (cook)

❷ She ＿＿＿＿＿＿＿＿＿ breakfast every day. (eat)

· cook 요리하다
· well 잘

4 인칭에 따라 변화하는 동사

주어가 3인칭 단수(he, she, it)인 경우에는 동사에 -s를 주로 붙여 현재형을 만들어요. 그렇다면 3인칭 복수 주어 they를 쓸 때엔 어떻게 표현할까요? 주어가 we나 they처럼 복수일 땐 동사원형을 쓴답니다.

1인칭	단수	I	I hate math. 저는 수학을 싫어해요.
	복수	we	We hate math. 우리는 수학을 싫어해요.
2인칭	단수	you	You hate math. 너는 수학을 싫어하는구나.
	복수	you	You hate math. 너희들은 수학을 싫어하는구나.
3인칭	단수	he, she, it	He/She hates math. 그/그녀는 수학을 싫어해요.
	복수	they	They hate math. 그들은 수학을 싫어해요.

- hate 싫어하다
- math 수학

3인칭 단수 주어를 제외한 동사의 현재형은 모두 동사원형을 써요.

QUIZ

괄호 안의 표현 중 알맞은 것을 골라 ○표 하세요.

❶ He (hate / hates) snakes.

❷ They (watch / watches) TV after dinner.

- snake 뱀

이게 궁금해요!

3인칭 단수 동사의 형태

" 현재를 표현하려고 배운 대로 영작했는데 둘 다 틀렸대요. "
① She haves three sons. ② He studys English.
왜 틀린 건가요?

동사 뒤에 다 -s를 붙였군요. 왜 틀렸는지 한 문장씩 설명해 줄게요. 첫 번째 문장에서는 주어 She가 3인칭 단수니까 동사 뒤에 -s를 붙여야 해요. 그런데 have는 예외예요. haves가 아니라 has로 바뀐답니다. 3인칭 단수일 때 has가 되는 것을 꼭 기억해 두세요! 두 번째 문장은 주어가 3인칭 단수 he니까 동사 study에 -s를 붙였네요. 그렇지만 '자음 + y'로 끝나는 동사의 경우에는 y를 -ies로 바꿔서 쓴답니다. 그래서 study는 studies로 써요! 이제 알겠죠?

일반동사도 나처럼 변신을 하는구나!

1 다음 문장을 읽고 알맞은 말을 골라 ○표 하세요.

'일반적인 사실, 늘 반복되는 일이나 습관'을 말할 땐 동사의 (과거형 / 현재형)을 써요.

2 다음 중 3인칭 단수 주어에 해당하는 것을 <u>모두</u> 골라 쓰세요.

you	she	classmates	Lucy	they
your brother	my puppy	I	he	books

- classmate 반 친구

3인칭 단수 주어 : _____

3 우리말 해석을 보고 알맞은 동사를 골라 문장에 맞게 바꿔 쓰세요.

ride	take	drive	walk

❶ My brother _____ to school. 우리 형은 학교에 걸어 다녀요.

❷ I _____ my bike to school. 나는 학교에 자전거를 타고 가요.

❸ They _____ the bus to library. 그 애들은 도서관에 버스를 타고 가요.

❹ My uncle _____ his truck. 우리 삼촌은 트럭을 운전해요.

- take （버스, 지하철 등을） 타다
- library 도서관
- uncle 삼촌
- drive 운전하다
- truck 트럭

4 동사 뒤에 -s나 -es를 넣어 문장을 완성하세요.

❶ Oliver play_____ baseball in the park.

❷ She watch_____ TV every day.

❸ Daniel do_____ his homework every night.

❹ My sister brush_____ her teeth.

❺ He read_____ comic books.

UNIT 12 일반동사의 부정문

'아니야'라고 할 때는 do not 넣기

STEP 1 기초 개념 잡기

be동사에서 '~이 아니다'라고 말할 때는 be동사 뒤에 not을 넣었죠? 일반동사가 있을 때는 그냥 not만 넣으면 안 되고 동사 앞에 do not 혹은 does not을 넣어야 해요. 이렇게 **일반동사의 부정문**을 만들 수 있어요. 예를 들어 "나는 시금치를 먹지 않는다."라고 하려면 I do not eat spinach.라고 한답니다.

먹지 않는다고 말할 땐 I do not eat을 사용해요!

Think & Write

내가 싫어하는 음식을 떠올리면서 "난 ~을 먹지 않아요."라는 문장을 만들어 보세요.

60

1 일반동사일 때 아니라고 말하기

일반동사 앞에 do not을 넣으면 '~하지 않는다'로 표현할 수 있어요. 예를 들어 "나는 영어를 좋아하지 않아."를 말하려면 일반동사 like 앞에 do not을 넣어서 I do not like English. 라고 해요.

I know. 저는 알아요.

➡ **I do not know.** 저는 알지 못해요.

I like English. 저는 영어를 좋아해요.

➡ **I do not like English.** 저는 영어를 좋아하지 않아요.

• know 알다

2 do와 not이 합체하면, don't!

do not을 줄이면 don't가 돼요. 그러니 동사 앞에 don't만 넣어 주면 '아니야'라는 부정문을 만들 수 있어요.

I don't like it. 저는 그것을 좋아하지 않아요.

I don't need it. 저는 그것이 필요하지 않아요.

I don't have it. 저는 그것을 가지고 있지 않아요.

I don't have it!

• need 필요하다

3 3인칭 단수 주어에는 does not

주어가 3인칭 단수일 때 do는 -es가 붙어 does로 변해요. 그래서 주어로 he, she, it이 올 때는 do not 대신 does not을 쓴답니다. does not은 don't처럼 doesn't로 줄여서 쓸 수 있어요.

She doesn't eat pizza. 그녀는 피자를 먹지 않아요.

He doesn't know my phone number. 그는 제 전화번호를 몰라요.

It doesn't make sense. 그건 말이 안 돼요.

• phone number
전화번호

• make sense
일리가 있다, 타당하다
[말이 되다]

QUIZ

괄호 안의 표현 중 알맞은 것을 골라 ○표 하세요.

❶ I (like not / don't like) hamburgers.

❷ My brother (don't / doesn't) eat carrots.

• carrot 당근

4 절대로 아니야! 이럴 땐 never!

don't나 doesn't가 없어도 부정문으로 만들 수 있어요. 그건 바로 never를 일반 동사 앞에 쓰는 거예요. 단, never는 그냥 '아니야' 정도가 아니라 "절대로 안 돼~!"라는 의미예요. 예를 들어 우유를 안 먹는다고 할 땐 I don't drink milk.로 쓰지만 우유를 절대 먹지 않는다고 표현할 땐 I never drink milk.로 써요. 이렇게 never는 훨씬 더 강하게 "절대 아니야!"라고 말할 때 쓰는 거랍니다.

I never swim. 저는 수영은 절대 안 해요.

He never gets up early. 그는 절대 일찍 일어나지 않아요.

The leading actor never dies. 주인공은 절대 죽지 않아요.

- leading actor
  주연배우, 주인공
- die 죽다

QUIZ

우리말 해석을 보고 빈칸에 알맞은 말을 쓰세요.

① I _____ say that. 저는 절대 그런 말 안 해요.

② He _____ onions. 그는 절대 양파를 먹지 않아요.

- onion 양파

이게 궁금해요!

일반동사의 부정문

❝ "그녀가 날 좋아하지 않는다."라고 하려면 주어가 she니까 don't를 doesn't로 바꿔 넣는 거 맞죠? 그런데 왜 She doesn't likes me.가 틀린 거예요? ❞

주어가 3인칭 단수(he, she, it)일 때는 동사 앞에 doesn't를 넣어서 부정문을 만들어요. 그런데 이때 주의할 점이 있어요. doesn't를 넣는 대신 그 뒤의 동사에 붙어 있던 s를 떼야 한답니다. 즉, doesn't 뒤에는 동사원형만 올 수 있어요. 도우미인 조동사가 이미 s를 가져갔으니까요. 그래서 She doesn't like me.가 되어야 맞는 거랍니다.

She doesn't likes me. (x)　　**She doesn't like me. (o)**

doesn't 뒤엔 무조건 동사원형 이구나!

1 다음 문장을 읽고 빈칸에 알맞은 말을 쓰세요.

① 주어가 I, we, you, they일 때 일반동사의 부정문은 '⬚⬚⬚⬚ not + 동사원형' 형태로 써요.

② 주어가 he, she, it일 때 일반동사의 부정문은 '⬚⬚⬚⬚ not + 동사원형' 형태로 써요.

2 다음 문장을 읽고 알맞은 말을 골라 ○표 하세요.

① Jay (doesn't / don't) like cats.

② We don't (eat / eats) breakfast.

③ I (never / don't have) a computer.

④ They (go not / don't go) to school by bus.

⑤ Lily (doesn't play / don't play) basketball.

3 빈칸에 don't나 doesn't를 넣어 부정문을 완성하세요.

① I _____ like history.

② He _____ watch TV.

③ You _____ eat cucumbers.

④ My brother _____ clean his room.

⑤ She _____ sleep for eight hours a day.

· **history** 역사

· **cucumber** 오이

· **clean** 청소하다

4 알맞은 동사를 골라 never를 붙여 문장을 완성하세요.

| ride | eat | wear | watch | read |

① He _____ breakfast. 그는 절대 아침을 먹지 않아요.

② Lisa _____ a hat. 리사는 절대 모자를 쓰지 않아요.

③ Andy _____ comic books. 앤디는 절대 만화책을 읽지 않아요.

④ They _____ a roller coaster. 그들은 절대 롤러코스터를 타지 않아요.

⑤ I _____ horror movies. 나는 절대 공포 영화를 보지 않아요.

· **roller coaster** 롤러코스터

· **horror** 공포

UNIT 13 일반동사의 의문문

일반동사를 대신하는 Do

STEP 1 기초 개념 잡기

"넌 야구를 좋아해." You like baseball.이라는 말을 "너 야구 좋아하니?"로 바꾸려면 어떻게 할까요? 앞으로 내보낼 be동사가 없는 경우, 즉 일반동사가 쓰인 문장에서는 Do를 문장 맨 앞으로 보내요. 그래서 Do you like baseball?이 된답니다.

Think & Write

친구에게 milk(우유)를 좋아하는지 묻는 질문을 만들어 보세요.

_____ you like _____?

1 '너'에게 물을 때는 Do you ~?

"너는 여기 산다." You live here. 를 "너 여기 사니?"로 바꾸려면 live가 일반 동사니까 do가 필요해요. do를 문장 맨 앞에 놓아서 Do you live here?라고 하면 된답니다.

You live here. 너는 여기 사는구나.

➡ **Do you live here?** 여기 사니?

You like action movies. 너는 액션 영화를 좋아하는구나.

➡ **Do you like action movies?** 액션 영화 좋아하니?

• action movie
액션 영화

2 '어떤 사람'이 ~하는지 물을 때는 Does he/she ~?

주어가 3인칭 단수(he, she, it)일 때는 do가 아니라 does를 써야 해요.

He cleans his room. 그는 자기 방 청소를 해요.

➡ **Does he clean his room?** 그는 자기 방 청소를 하나요?

Eric has a sister. 에릭은 여동생이 있어요.

➡ **Does Eric have a sister?** 에릭은 여동생이 있나요?

3 '내가' ~하는지 물을 때는 Do I ~?

다른 사람이 아닌 나에 대해서 물을 때는 Do I ~?를 사용해요.

Do I look smart? 저 똑똑해 보이나요?

Do I have to go to the dentist? 저 치과 가야 하나요?

• dentist 치과, 치과의사

Do I have to
go to the dentist?

QUIZ

우리말 해석을 보고 알맞은 말을 골라 ○표 하세요.

① (Do you / Do I) like pizza? 너는 피자를 좋아하니?

② (Do / Does) your sister have a pen? 네 여동생이 펜을 갖고 있니?

4 Do로 물으면 do로, Does로 물으면 does로 대답!

Do로 물어봤을 때 "응."이라고 대답하려면 do로 대답하고, "아니."라고 대답하려면 don't를 써요. Does도 마찬가지예요. "응."은 does를 쓰고 "아니."는 doesn't를 쓴답니다.

Do you like fried chicken? 치킨 좋아하나요?

Yes, I do. 네, 좋아해요. / **No, I don't.** 아니요, 안 좋아해요.

Does he speak Korean? 그는 한국어를 말할 수 있나요?

Yes, he does. 네, 해요. / **No, he doesn't.** 아니요, 못해요.

Do I look good? 저 괜찮아 보이나요?

Yes, you do. 네, 그래요. / **No, you don't.** 아니요, 안 그래요.

• fried 튀긴

QUIZ

다음 문장을 읽고 알맞은 말을 골라 ○표 하세요.

❶ A: Do I look like a movie star?
   B: Yes, you (do / does).

❷ A: Does she like soup?
   B: No, she (don't / doesn't).

• look like
  ~처럼 보이다

이게 궁금해요!

일반동사 의문문의 대답

❝ 질문에 대답할 때 왜 Yes, I live here.이나 No, I don't live here.라고 하지 않고 Yes, I do. 또는 No, I don't.라고 하는 거예요? ❞

친구가 Do you live here? "너 여기 사니?"라고 물어봤을 때 "응, 나 여기 살아."라고 대답하려면 Yes, I live here.라고 말할 수 있어요. 그런데 길게 쓰기 귀찮으니까 그냥 live here를 빼고 대신 do를 넣어 주는 거예요. "아니, 나 여기 살지 않아."라는 말도 No, I don't live here.인데, 역시 live here를 뺀 거예요. 그걸 빼도 알아들을 수 있으니까 간단히 No, I don't.라고 한답니다.

1 다음 문장을 읽고 빈칸에 알맞은 말을 쓰세요.

일반동사의 의문문은 문장의 맨 앞에 [   ] 를 쓰거나 3인칭 단수가 주어면 문장 맨 앞에 [   ] 를 붙여 만들어요.

2 다음 괄호 안의 표현 중 알맞은 것을 골라 ○표 하세요.

❶ (Do / Does) you have a pet?

❷ (Do / Does) Lisa like horror movies?

❸ (Do / Does) it rain a lot there?

❹ (Do / Does) your parents like pizza?

❺ (Do / Does) he play tennis?

• parents 부모님

3 Do나 Does를 이용하여 다음 문장을 의문문으로 바꿔 쓰세요.

❶ I look pretty. ⇒ _____ I look pretty?

❷ They want fried chicken. ⇒ _____ they want fried chicken?

❸ She plays the guitar. ⇒ _____ she play the guitar?

❹ We need pencils. ⇒ _____ we need pencils?

❺ Andy likes computer games.

⇒ _____ Andy like computer games?

4 빈칸에 알맞은 말을 써 의문문의 대답을 완성하세요.

❶ A: Do you like movies?

B: Yes, _____. I love them.

❷ A: Does Amy read books?

B: Yes, _____. She reads well.

❸ A: Do you live in Korea?

B: No, _____. I live in Japan.

❹ A: Does Sam want spaghetti?

B: No, _____. He wants pizza.

• spaghetti 스파게티

현재진행형

뭘 '하는 중'일 땐 현재진행형

STEP 1 기초 개념 잡기

현재진행형은 '바로 지금 현재에 일어나고 있는 일'을 뜻해요. '~하고 있다, ~하는 중이다'라고 해석된 답니다. 그럼 현재형과 현재진행형은 어떻게 다를까요? 현재형은 '늘 일어나는 일'을, 현재진행형은 '바로 지금 일어나고 있는 일'을 말해요. 현재진행형으로 말하려면 동사의 모양이 조금 바뀐답니다.

Think & Write

지금 영어 공부를 하는 중이라고 현재진형행으로 써 보세요.

I am _____ing English.

1 현재진행형 만들기: be동사 + 동사ing

'~하고 있다, ~하는 중이다'라는 의미의 현재진행형을 만들려면 be동사가 필요해요. 우선 주어에 맞는 be동사를 찾아야 해요. 주어가 I면 am을 써야겠죠? 그다음에 동사원형 뒤에 -ing를 붙여 줘요. 동사가 -e로 끝나면 e를 떼고 -ing를 붙여요.

> **TIP** -e로 끝나는 동사는 e를 떼고 ing를 붙여요.
> make → making
> dance → dancing
> write → writing

I eat lunch. 저는 점심을 먹어요.

➡ **I am eating lunch.** 저는 점심을 먹는 중이에요.

Sam watches television. 샘은 텔레비전을 봐요.

➡ **Sam is watching television.** 샘은 텔레비전을 보는 중이에요.

We make a snowman. 우리는 눈사람을 만들어요.

➡ **We are making a snowman.** 우리는 눈사람을 만드는 중이에요.

• **snowman** 눈사람

2 현재형과 현재진행형은 무슨 차이?

동사 현재형은 '현재의 사실이나 늘 하는 일 혹은 버릇이나 습관처럼 반복되는 일'을 나타내요. 따라서 **I walk to school.** 이라는 문장은 "평소에 난 걸어서 학교에 다녀."란 뜻이죠. 그런데 현재진행형인 **I am walking to school.** 은 평소에 학교까지 걸어 다녔는지, 뛰어 다녔는지, 버스를 타고 다녔는지 전혀 알 수 없어요. 바로 지금 '걸어서 학교에 가고 있는 중'이라는 것만 알려주기 때문이에요.

I read comic books on Sundays. 저는 일요일마다 만화책을 봐요. (늘 하는 일)

➡ **I am reading a comic book.** 저는 만화책을 보고 있어요. (바로 지금)

• **on Sundays** 일요일마다

QUIZ

괄호 안의 표현 중 알맞은 것을 골라 ○표 하세요.

❶ (I listening / I'm listening) to music now.

❷ They (studying / are studying) English.

• **listen** 듣다

4 **현재진행형의 의문문은 be동사를 맨 앞으로!**

"공부하는 중이니?"라고 물어보려면 어떻게 해야 할까요? 여기선 용감한 be동사가 있으니까 be동사를 문장 맨 앞으로 보내서 Are you studying?이라고 하면 돼요. "응."이라고 대답할 때는 Yes, I am. "아니."라고 대답할 때는 No, I am not.이라고 해요.

Are you chatting? 채팅 중이니?

Are you eating? 먹는 중이니?

Are you reading a book? 책 읽는 중이니?

Are you dancing? 춤추는 중이니?

Are you studying? 공부하는 중이니?

Yes, I am. 네, 그래요. / No, I am not. 아니요, 안 그래요.

• chat （인터넷으로）
채팅하다

TIP -ing 형태로 만들 때 끝 자음을 한 번 더 쓰는 경우가 있어요. 단어가 단모음 + 단자음으로 끝나는 경우에 그래요.
chat → chatting
run → running
swim → swimming

QUIZ

다음 문장을 의문문으로 바꿔 쓰세요.

1 They are playing soccer. _____

2 He is cleaning the room. _____

이게 궁금해요!

현재진행형으로 쓰지
않는 동사

❝ 현재진행형은 주어 뒤에 be동사를 넣은 다음 ❞
동사원형에 -ing를 붙이면 되죠? 그런데 왜 I like soup.을
I am liking soup.으로 바꿔 쓰면 틀리나요?

맞아요. 주어 뒤에 be동사를 넣고, 동사 뒤에 -ing를 붙여요. 그런데 위 문장이 왜 틀린 문장일까요? 바로 동사 like 때문이에요. 영어에는 현재진행형으로는 쓰이지 않는 동사들이 있거든요. 그 중 대표적인 것이 바로 '좋아하다(like), 싫어하다(hate)'처럼 감정을 나타내는 동사들이에요.

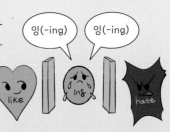

I like soup. (o)

I am liking soup. (x)

1 다음 문장을 읽고 알맞은 것을 골라 ○표 하세요.

현재진행형을 만들 땐 be동사를 주어 뒤에 쓰고 동사원형에 (-ed / -es / -ing)를 붙여 만들어요.

2 빈칸에 괄호 안의 동사를 현재진행형으로 바꿔 쓰세요.

❶ I _____ comic books. (read)

❷ Ruby _____ English. (study)

❸ Mom _____ a song. (sing)

❹ My father _____ dinner. (cook)

❺ My puppy _____. (sleep)

❻ My brother _____. (dance)

3 다음 빈칸에 알맞은 동사를 골라 현재형 또는 현재진행형으로 만드세요.

play   like   talk   watch   write

• write 쓰다

❶ I _____ potato pizza. 나는 포테이토 피자를 좋아한다.

❷ He _____ basketball. 그는 농구를 하는 중이다.

❸ Yumi _____ a music video. 유미는 뮤직 비디오를 보는 중이다.

❹ She _____ with her parents. 그녀는 부모님과 이야기를 하고 있는 중이다.

❺ He _____ a card. 그는 카드를 쓰고 있는 중이다.

4 다음 문장을 의문문으로 바꿔 쓰세요.

❶ The baby is crying. ⇒ _____ the baby crying?

❷ They are eating dinner. ⇒ _____ they eating dinner?

❸ She is listening to music. ⇒ _____ she _____ to music?

❹ They are making a sand castle.

⇒ _____ they _____ a sand castle?

• sand castle 모래성

be동사의 과거형

과거를 알고 싶다면 was와 were

STEP 1 기초 개념 잡기

현재 배가 고픈 건 I am hungry. 이걸 '(아까) 배가 고팠다'로 바꾸려면 be동사 am을 was로 바꿔야 해요. 즉, 지나간 일을 말하려면 am 대신에 was를 써서 I was hungry.라고 해야 한다는 거죠. 이렇게 지나간 일을 뜻하는 형태를 **과거형**이라고 해요.

과거의 일을 말할 때는 am을 was로 바꾸면 돼요!

Think & Write

be동사의 과거형을 사용해서 내 감정을 표현하는 문장을 써 보세요.

I _____ _____.

보기 sad, happy, angry   (한 시간 전의 감정)

1 am의 과거는 was

I am sad.라고 하면 "(지금) 나 슬퍼."라는 말인데, 지금이 아니라 "(아까) 슬펐어."라고 하려면 am을 was로 바꿔서 I was sad.라고 하면 돼요.

I am busy. 바빠요. (지금)

➡ **I was busy.** 바빴어요. (과거)

I am scared. 무서워요. (지금)

➡ **I was scared.** 무서웠어요. (과거)

• scared 무서운

2 is의 과거도 was

주어가 3인칭 단수(he, she, it)일 때 be동사 is가 쓰이죠. 이때 is의 과거도 was예요. am의 과거와 똑같아요.

She is my English teacher. 그녀는 제 영어 선생님이에요. (지금)

➡ **She was my English teacher.** 그녀는 제 영어 선생님이셨어요. (과거)

3 are의 과거는 were

be동사 are의 과거는 were예요. 속상해 하는 친구에게 "아니야, 너 아까 잘했어. 너 대단했어."라고 위로해 주려면 You are great.에서 are을 were로 바꿔서 You were great.라고 하면 된답니다.

You are great. 대단해요. (지금)

➡ **You were great.** 대단했어요. (과거)

They are angry. 그들은 화가 나 있어요. (지금)

➡ **They were angry.** 그들은 화가 나 있었어요. (과거)

You were great!

QUIZ

다음 문장을 과거형으로 바꿔 쓰세요.

❶ We are tired. ➡ We _____ tired.

❷ The test is difficult. ➡ The test _____ difficult.

• difficult 어려운

4 과거를 물을 땐 be동사를 맨 앞으로!

제가 좋아하는 배우의 성대모사를 했더니 친구가 배꼽을 잡고 웃네요. 그래서 "웃겼어?"라고 물어보려고 해요. "웃겼다."는 It was funny. 이 문장을 질문으로 만들려면 어떻게 해야 할까요? be동사인 was를 문장 맨 앞으로 보내서 Was it funny?라고 물어보면 된답니다.

Were you asleep? 자고 있었나요?

Yes, I was. 네, 자고 있었어요.

No, I was not. 아니요, 자고 있지 않았어요.

TIP be동사의 과거형 인 was not은 wasn't로 줄여서 쓰고, were not 은 weren't로 줄여서 쓸 수 있어요.

was not = wasn't
were not = weren't

• asleep 잠이 든

평서문	의문문	긍정 대답	부정 대답
I was ~.	Was I ~?	Yes, you were.	No, you weren't.
You were ~.	Were you~?	Yes, I was.	No, I wasn't.
He / She / It was ~.	Was he / she / it ~?	Yes, he / she / it was.	No, he / she / it wasn't.
You / They / We were ~.	Were you / they / we ~?	Yes, we / they / you were.	No, we / they / you weren't.

QUIZ

괄호 안의 표현 중 알맞은 것을 골라 ○표 하세요.

① (Were it / Was it) delicious?

② (Were they / Was they) soccer players?

이게 궁금해요!

be동사 과거의 줄임말

" she is를 she's로, you are를 you're로 줄인 것처럼 he was를 he's로 줄여서 말해도 되나요?

현재형에서는 I am을 I'm으로, he is를 he's로, you are를 you're로 줄여 쓸 수 있지만 be동사의 과거형은 줄여 쓸 수 없어요. 왜냐고요? he's로 줄여서 쓰면 he is를 줄인 것인지 he was를 줄인 것인지 헷갈리기 때문이에요. 그래서 과거는 절대 줄여서 쓰지 않아요. 하지만 was나 were 뒤에 not이 올 때는 was not은 wasn't로, were not은 weren't로 줄여서 쓸 수 있어요!

he was → he's (x)   was not → wasn't (o)

줄여서 쓰는 경우를 잘 확인해야겠구나!

1 다음 문장을 읽고 알맞은 말을 골라 ○표 하세요.

am과 is의 과거형은 (was / were)이고, are의 과거형은 (was / were)예요.

2 빈칸에 알맞은 be동사의 과거형을 쓰세요.

① She _____ smart.

② Your friends _____ here.

③ My birthday _____ on Wednesday.

④ They _____ all kind.

⑤ These books _____ very expensive.

• expensive
(값이) 비싼

3 빈칸에 알맞은 말을 써 의문문의 대답을 완성하세요.

① Were you scared?   No, I _____ not.

② Was the movie interesting?   Yes, it _____.

③ Were you at the station?   Yes, we _____.

④ Was his birthday on Friday?   Yes, _____.

⑤ Were you tired?   No, I _____.

⑥ Was Dan sick?   No, _____.

⑦ Were they happy?   No, they _____. They were sad.

• sick 아픈
• station 역

4 우리말 해석을 보고 알맞은 be동사를 넣어 문장을 완성하세요.

① 당신은 대단해요.   You _____ great.

② 당신은 대단했어요.   You _____ great.

③ 그는 화가 나 있어요.   He _____ angry.

④ 그는 화가 나 있었어요. He _____ angry.

⑤ 우리는 학생들이에요.   We _____ students.

⑥ 우리는 학생들이었어요. We _____ students.

UNIT 16 일반동사의 과거형

과거로 가는 타임머신 -ed

STEP 1 기초 개념 잡기

과거로 가는 타임머신이 있다면 정말 좋겠죠? 영어에는 일반동사만 탈 수 있는 타임머신이 있어요. 바로 -ed예요. 일반동사 뒤에 -ed만 붙여 주면 **일반동사의 과거형**이 돼요. "나 야구해."는 I play baseball.이에요. 그런데 play에 과거 타임머신인 -ed를 붙여서 I played baseball.이라고 하면 "나 야구했어."가 된답니다.

영어에서는 보통 동사에 -ed를 붙여 과거를 표현해요!

Think & Write

어제 무엇을 하고 놀았는지 동사에 -ed를 붙여 문장을 써 보세요.

I play_____ .
　　　　　　　(운동이나 게임 등)

76

1 과거로 만들 땐 -ed만 붙이면 끝

"나는 이를 닦아." I brush my teeth. 라는 말을 과거로 만들고 싶다면 동사 뒤에 -ed를 붙여서 I brushed my teeth. 라고 하면 돼요. -e로 끝나는 동사에는 끝에 -d만 붙여요.

• mushroom 버섯

I play computer games. 저는 컴퓨터 게임을 해요.

➡ I played computer games. 저는 컴퓨터 게임을 했어요.

I brush my teeth. 저는 이를 닦아요.

➡ I brushed my teeth. 저는 이를 닦았어요.

I love mushroom soup. 저는 버섯 수프를 좋아해요.

➡ I loved mushroom soup. 저는 버섯 수프를 좋아했어요.

2 튀고 싶은 동사의 과거형

일반동사가 과거형으로 변할 때는 -ed만 붙여 주면 돼요. 그런데 남들하고 똑같이 하는 게 싫어서 눈에 띄려는 동사들이 있어요. 하나씩 살펴볼까요?

① 동사가 '모음+자음'으로 끝날 땐, 자음을 한 번 더 써 주고 -ed를 붙여요. 예를 들어, stop은 모음 o와 자음 p로 끝나니까 p를 한 번 더 쓰고 -ed를 붙여요.

drop 떨어뜨리다 ➡ dropped 떨어뜨렸다

plan 계획하다 ➡ planned 계획했다

② study처럼 '자음+y'로 끝나는 경우에는 y를 i로 고쳐 주고, 그 뒤에 -ed를 붙여요. '공부하다'는 study지만 '공부했다'는 studied예요. 하지만 stay는 그냥 stayed예요! 단어가 -y로 끝나긴 했지만 그 앞이 모음이라 -ed만 붙여요.

cry 울다 ➡ cried 울었다 (자음+y)

stay 머무르다 ➡ stayed 머물렀다 (모음+y)

QUIZ

우리말 해석을 보고 알맞은 동사를 골라 ○표 하세요.

❶ He (watched / watch) a movie on TV. 그는 TV로 영화를 봤어요.

❷ I (cryed / cried) yesterday. 저는 어제 울었어요.

③ 규칙을 따르지 않는 동사의 과거형

일반동사가 과거로 변할 땐 뒤에 -ed만 붙이면 되는데, 동사들 중에서도 꼭 말 안 듣는 녀석들이 있어요. 그런 동사들은 단어 모양 자체가 바뀌어요. 예를 들면 '먹다' eat은 과거로 변할 때 ate로 바뀐답니다. 또 어떤 동사들은 고집이 세서 과거형도 현재형과 같은 모양이에요. cut의 과거는 cut, put의 과거도 put, 이렇게요. 말 안 듣는 동사들은 그때그때 꼭 외워 두세요!

모양 자체가 바뀌는 동사(불규칙 동사)	buy 사다 ➡ bought 샀다 eat 먹다 ➡ ate 먹었다 go 가다 ➡ went 갔다 make 만들다 ➡ made 만들었다 tell 말하다 ➡ told 말했다	come 오다 ➡ came 왔다 give 주다 ➡ gave 주었다 know 알다 ➡ knew 알았다 see 보다 ➡ saw 보았다 think 생각하다 ➡ thought 생각했다
현재형과 과거형이 같은 동사	cut 자르다 ➡ cut 잘랐다 put 놓다 ➡ put 놓았다	hurt 아프다 ➡ hurt 아팠다 hit 치다 ➡ hit 쳤다

QUIZ

다음 동사의 과거형을 쓰세요.

❶ cut: _____ ❷ tell: _____

❸ see: _____ ❹ think: _____

이게 궁금해요!

자음과 모음

" 어렴풋이 알긴 하지만 확실히 알지 못하는 말들은 어려워요. 예를 들어 자음과 모음에 대해 계속 나오는데요, 도대체 자음이 뭐고 모음이 뭐예요? "

일단 혀나 목에 전혀 힘을 주지 않고 입 모양만 바꿔서 소리를 낼 수 있는 건 모두 모음이에요. 아, 에, 이, 오, 우(a, e, i[y], o, u)처럼요. 그 밖의 나머지 소리들은 모두 자음이랍니다. 자음은 혀나 입술, 이를 이용해서 발음을 하는 거예요. 프, 트, 크, 스(p, t, k, s) 등은 모두 자음이 되는 거지요. 이렇게 기억하면 쉬워요. 아, 에, 이, 오, 우 소리가 나는 것은 모음이다. 나머지는 모두 자음이다! 이제 확실히 알겠죠?

모음은 아, 에, 이, 오, 우! 이것만 외우자!

1 다음 문장을 읽고 빈칸에 알맞은 말을 쓰세요.

일반동사의 과거형은 보통 동사원형 뒤에 [   ] 를 붙여요.

2 다음 문장을 읽고 알맞은 과거형 동사를 골라 ○표 하세요.

❶ He (brushed / brushied) his teeth.

❷ I (studied / studyed) for the exam.

❸ We (played / plaied) baseball.

❹ The rain (stoped / stopped) an hour ago.

- **exam** 시험
- **ago** (시간) 전에

3 빈칸에 밑줄 친 동사를 과거형으로 바꿔 쓰세요.

❶ They live in Busan. ➡ They _____ in Busan.

❷ We dance all together. ➡ We _____ all together.

❸ I wash my father's car. ➡ I _____ my father's car.

❹ Mia helps her sister. ➡ Mia _____ her sister.

- **together** 함께

4 다음 문장에서 동사를 찾아 ○표 하고 빈칸에 과거형을 쓰세요.

❶ I know his birthday. ➡ _____

❷ Tom sees a cute dog. ➡ _____

❸ They make a snowman. ➡ _____

❹ He eats bread every day. ➡ _____

5 빈칸에 괄호 안의 동사를 과거형으로 바꿔 쓰세요.

❶ I _____ some snacks on my desk. (put)

❷ She _____ some new books. (buy)

❸ Mom _____ the apple with a knife. (cut)

❹ Grandma _____ me a funny story. (tell)

- **knife** 칼

STEP 1 기초 개념 잡기

오늘은 지나간 일에 대해 '~했니?'라고 묻는 말을 공부해 보아요. 일반동사가 있는 문장에서 물어보는 말을 만들 때 Do를 문장 맨 앞에 썼던 것 기억하죠? 그런데 지나간 일을 물어볼 땐 Do의 과거형인 Did를 쓴답니다. Did를 사용하면 일반동사의 **과거 의문문**을 만들 수 있어요.

무언가를 했냐고 영어로 물을 땐 Did you ~?로 말해요.

Think & Write

상대 친구에게 과거의 일을 물을 때는 무슨 말로 시작할까요?

_____ you do your homework?

1 네가 과거에 뭘 했는지 물을 땐 Did you ~?

궁금한 게 있을 때는 Do를 써서 Do you ~?라고 물어볼 수 있었어요. 그런데 '~
했니?' 하고 이미 지나간 일에 대해 물어볼 때는 Do의 과거형인 Did를 써서 Did
you ~?라고 물어볼 수 있어요. Did를 문장 맨 앞에 쓴 후, 주어 뒤에 오는 동사는
Do의 의문문처럼 동사원형을 써요.

Do you sleep well? 잘 자니?

➡ **Did you sleep well?** 잘 잤니?

Do you watch TV? TV 보니?

➡ **Did you watch TV?** TV 봤니?

• sleep 잠자다

2 다른 사람이 과거에 뭘 했는지 물을 땐 Did he/she ~?

you가 아닌 다른 사람에 대해 궁금한 걸 물어볼 때는 그 사람이 남자면 Did he
~?, 여자면 Did she ~?라고 하면 돼요. Did you ~?에서 you 대신 he나 she를 넣
으면 되는 거죠. 물론 Sam이나 Jane처럼 사람 이름을 그대로 넣어도 되고 your
teacher나 your brother처럼 그 사람을 가리키는 말을 써도 된답니다.

Did Tom call you? 톰이 네게 전화했니?

Did he snore? 그가 코를 골았나요?

Did she send you a gift? 그녀가 네게 선물을 보냈니?

Did your sister catch a cold? 너희 누나는 감기에 걸렸었니?

• call ~에게 전화하다

• snore 코를 골다

• send 보내다

• gift 선물

• catch a cold
감기 걸리다

QUIZ

우리말 해석을 보고 빈칸에 알맞은 말을 쓰세요.

❶ _____ you call your dad? 아빠에게 전화했니?

❷ _____ Jane _____ you? 제인이 너를 도와줬니?

Did you ~?로 '~했니?'라고 물어볼 때 대답이 "응."일 경우에는 Yes, I did. 라고 하면 되고, "아니."인 경우는 No, I didn't.라고 하면 된답니다. didn't는 did not을 줄인 거예요. Did he ~?나 Did she ~?로 물어보는 경우에도 마찬가지로 대답하면 돼요.

과거형 의문문	긍정 대답	부정 대답
Did + 주어 + 동사원형 ~?	Yes, 주어 + did.	No, 주어 + didn't.

Did he clean his room? 그가 방 청소를 했나요?

Yes, he did. 네, 했어요.

No, he didn't. 아니요, 안 했어요.

QUIZ

다음 질문에 알맞은 대답을 쓰세요.

A: Did she read the book?

B: No, _____.

이게 궁금해요!

의문사가 있는 과거 의문문

" 어제 친구가 전화를 했는데 제가 못 받았어요. 그래서 친구에게 오늘 "왜 전화했어?"라고 물어보려고 하는데, 이 말은 영어로 어떻게 해요? 이때도 Did you ~?라고 하면 되나요? "

'~했어?'라고 과거의 일에 대해 물어볼 때는 Did you ~?로 물어보는 게 맞아요. 그런데 "왜 전화했어?"라고 물어보려면 '왜'가 들어가야 하는데 '왜'는 영어로 why에 요. 그래서 why를 문장 맨 앞에 붙여서 Why did you call me?라고 말해요.

Why did you call me? 왜 전화했어요?

Why did you do that? 왜 그랬어요?

Why did you lie to me? 왜 저한테 거짓말을 했나요?

Why did you do that?

숙제를 안 하다니!

1 다음 문장을 읽고 빈칸에 알맞은 말을 쓰세요.

과거에 일어난 일에 대해 상대방에게 물어볼 때는 '⬚⬚⬚⬚ + 주어 + 동사원형'을 써요.

2 우리말 해석을 보고 빈칸에 Do/Does/Did 중 알맞은 것을 쓰세요.

❶ _____ you see the doctor? 병원에 가 봤나요?

❷ _____ you know Junho? 준호를 아나요?

❸ _____ she go jogging on Saturdays? 그녀는 토요일마다 조깅하나요?

❹ _____ they make a lemon cake yesterday?
어제 그들은 레몬 케이크를 만들었나요?

- see a doctor
  병원에 가다
- jogging 조깅
- Saturday 토요일

3 다음 문장을 Did를 이용하여 과거 의문문으로 바꿔 쓰세요.

❶ Kate passed the test.
➡ _____ Kate _____ the test?

❷ You cleaned your room.
➡ _____ you _____ your room?

❸ They went to the zoo.
➡ _____ they _____ to the zoo?

❹ He kicked the ball.
➡ _____ he _____ the ball?

❺ The baby cried all day long.
➡ _____ the baby _____ all day long?

- pass 통과하다,
  합격하다
- kick (발로) 차다
- all day long
  하루 종일

4 빈칸에 알맞은 말을 써 의문문의 대답을 완성하세요.

❶ Did they win?   Yes, they _____.

❷ Did you go to the party?   No, I _____.

❸ Did he tell you a secret? Yes, he _____.

❹ Did you do your homework? Yes, I _____.

❺ Did your aunt live here?   No, she _____.

- win 승리하다
- secret 비밀
- aunt 이모, 고모

1 다음 괄호 안의 be동사 중 알맞은 골라 ○표 하세요.

1 He (is / are) my uncle.

2 I (am / is) 12 years old.

3 (Am / Are) you from Seoul?

4 We (is not / are not) twins.

5 (Is / Are) he thirsty?

2 괄호 안의 표현 중 알맞은 것을 골라 ○표 하세요.

1 He (like / likes) hamburgers.

2 I (play / plays) baseball on Saturdays.

3 We (read / reads) comic books after school.

4 My mom (watch / watches) dramas on TV every day.

5 My friend and I (take / takes) the bus to school.

3 우리말 해석을 보고 don't와 doesn't 중 알맞은 것을 쓰세요.

1 His son _____ want a pet. 그의 아들은 반려동물을 원하지 않아요.

2 They _____ eat breakfast. 그들은 아침을 먹지 않아요.

3 I _____ know her name. 저는 그녀의 이름을 몰라요.

4 My sister _____ clean her room. 제 여동생은 그녀의 방을 치우지 않아요.

5 My house _____ have a garden. 제 집은 정원이 없어요.

4 다음 문장에서 밑줄 친 부분을 바르게 고쳐 쓰세요.

1 Does Mina <u>likes</u> math? ➡ _____

2 <u>Does</u> they play computer games? ➡ _____

3 <u>Do</u> his brother have many friends? ➡ _____

84

5 빈칸에 괄호 안의 동사를 현재진행형으로 바꿔 쓰세요.

1 _____ your sister _____ now? (study)

2 _____ Peter _____ meat? (buy)

3 _____ you _____ to school? (walk)

4 _____ they _____ to music now? (listen)

6 그림을 보고 빈칸에 was나 were를 넣어 문장을 완성하세요.

1

She _____ not hungry.

2

My room _____ not very clean.

3

William _____ an actor.

4

We _____ best friends.

7 밑줄 친 동사의 과거형을 바르게 고쳐 쓰세요.

1 I <u>cuted</u> the watermelon. ⇒ _____

2 She <u>gived</u> me a comic book. ⇒ _____

3 They <u>comed</u> back to Korea. ⇒ _____

4 My father <u>eated</u> chicken salad. ⇒ _____

5 I <u>liveed</u> in a small town. ⇒ _____

6 She <u>buyed</u> some cheese crackers. ⇒ _____

빈칸에 Do/Does/Did 중 알맞은 것을 넣어 문장을 바르게 완성하세요.

1 _____ she always come late?

2 _____ you watch the movie on TV yesterday?

3 _____ they invite you last Sunday?

4 _____ he go to the gym every Wednesday?

9 빈칸에 알맞은 말을 써 의문문으로 바꿔 쓰세요.

1 She went to the science museum.

➡ _____ she _____ to the science museum?

2 He cut his hair yesterday.

➡ _____ he _____ his hair yesterday?

3 They studied history.

➡ _____ they _____ history?

4 My mom bought a new spoon.

➡ _____ she _____ a new spoon?

10 다음 괄호 안에서 알맞은 말을 골라 의문문의 대답을 완성하세요.

1 Do you come back home?
No, (I do / I don't).

2 Does she go shopping with her mother?
Yes, (she does / she doesn't).

3 Did the boy become a doctor?
Yes, (he does / he did).

4 Did you drink two glasses of milk?
No, (they didn't / I didn't).

PART 3
동사 따라잡기 ②

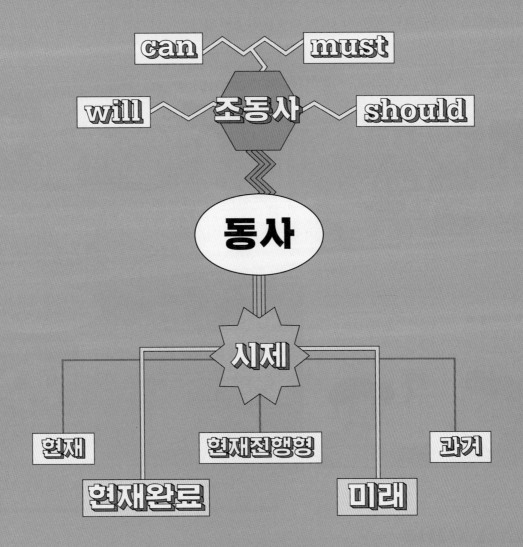

이제 동사를 따라 미래로 가 봅시다! 미래 시제를 사용하면 앞으로 할 일에 대해 말할 수 있어요. 또 이것저것 해 봤다고 경험을 자랑할 수 있는 현재완료라는 시제와 동사를 도와주는 조동사도 만나볼 거예요. 자, 동사의 세계로 다시 떠나 볼까요?

UNIT 18 미래 시제
be going to로 미래 표현하기

be going to는 '~할 거다'라고 가까운 미래의 일에 대해 말하는 **미래 시제**예요. be going to에서 be는 be동사를 말하는 거니까 주어에 따라서 am, are, is로 바뀐답니다. 그리고 to 뒤에는 하려고 마음먹은 일을 동사원형으로 써 주면 돼요. 잠깐! be going to에 go가 들어 있지만 '가다'라는 뜻은 없다는 점 기억해 두세요!

'be going to+동사원형'은 미래의 일을 표현해요!

Think & Write

be going to를 사용하여 내일 할 일에 대한 문장을 써 보세요.

I am going to ＿＿＿＿＿＿＿＿＿＿＿＿＿ tomorrow.
　　　　　　　　(내일 할 일)

88

1 **be going to + 동사원형: ~할 거예요!**

'~할 거예요'라는 말은 be going to예요. '저는 ~할 거예요'라고 말할 때 주어는 I 니까 be동사가 am으로 바뀌어야 해요. 즉, I am going to가 되는 거죠. 주어가 she나 he면 is니까 is going to로 쓰고, 주어가 we, you, they면 are로 바꿔서 are going to로 쓴답니다.

I am going to eat **lunch.** 저는 점심을 먹을 거예요.
She is going to watch **TV.** 그녀는 TV를 볼 거예요.
They are going to go **to Japan.** 그들은 일본에 갈 거예요.

2 **be going to + be ~: ~가 될 거예요!**

'난 다음에 뭐가 될 거예요.'라는 말을 할 때는 먼저 '~할 거예요'인 be going to를 쓰고, 그 다음에 '~이다'라는 뜻의 be동사를 원형으로 넣어 주면 돼요.

I am going to be **a singer.** 저는 가수가 될 거예요.
He is going to be **an actor.** 그는 배우가 될 거예요.
We are going to be **doctors.** 우리는 의사가 될 거예요.

3 **be + not + going to + 동사원형: ~ 안 할 거예요!**

'안 할 거야'라고 말할 때는 be동사 뒤에 not을 넣어 I am not going to~라고 하면 돼요.

I am not going to talk **to you.** 당신과 말 안 할 거예요.
She is not going to tell **a lie.** 그녀는 거짓말 하지 않을 거예요.
They are not going to go **swimming.** 그들은 수영하러 안 갈 거예요.

> **QUIZ**
>
> 다음 문장에서 not이 들어갈 위치를 고르세요.
>
> I am ((①)) going ((②)) to play ((③)) computer games ((④)).

❹ 의문문은 be동사를 맨 앞으로!

'~할 거예요?'라고 물어볼 때는 용감한 be동사를 맨 앞으로 보내면 돼요. 예를 들어 "당신은 저걸 먹을 거예요."라는 의미의 You are going to eat that.에서는 be동사 are를 맨 앞으로 보내 Are you going to eat that?으로 말하면 돼요.

Are you going to eat that? 저거 먹을 거예요?

Are we going to buy it? 우리 그거 살 거예요?

Is she going to go home? 그녀는 집에 갈 건가요?

이게 궁금해요!

be going to 구분하기

❝ I am going이라고 하면 '나는 가고 있다.'라는 말도 ❞
되지 않나요? 그럼 I am going이 '나는 가고 있다.'
인지, '나는 갈 거야'인지 어떻게 구분하죠?

'be동사+동사ing'는 '~하고 있다'라는 뜻의 현재진행형이니까 I am going은 '가는 중이다'라는 말이 되죠. '~할 거야'인 I am going to와 구분하려면 바로 그 뒤를 보면 돼요. I am going 뒤에 'to+장소'가 나오면 '가는 중이다'라는 뜻이고 'to+동사원형'이 나오면 '~할 거야'라는 뜻이에요!

I am going to the park! 공원 가는 중이에요!

I am going to the park. 공원에 가고 있어요. (be going to + 장소)

I am going to go to the park. 공원에 갈 거예요. (be going to + 동사원형)

90

1 다음 문장을 읽고 빈칸에 들어갈 알맞은 말을 쓰세요.

가까운 미래의 일을 말할 때는 be going to +

ㄷ	ㅅ	ㅇ	ㅎ

으로 표현해요.

2 빈칸에 알맞은 be동사를 넣어 문장을 완성하세요.

❶ They _____ going to move.

❷ He _____ going to go hiking.

❸ I _____ going to go shopping.

❹ She _____ going to be a firefighter.

❺ We _____ going to buy some beans.

- **move** 이사하다
- **go hiking** 등산하러 가다
- **go shopping** 쇼핑하러 가다
- **bean** 콩

3 다음 문장을 의문문으로 바꿔 쓰세요.

❶ He is going to go skiing.

➡ _____ go skiing?

❷ You are going to have a birthday party.

➡ _____ have a birthday party?

❸ She is going to visit her aunt.

➡ _____ visit her aunt?

❹ They are going to do the laundry.

➡ _____ do the laundry?

- **go skiing** 스키 타러 가다
- **visit** 방문하다
- **laundry** 세탁

4 주어진 동사를 be going to를 사용하여 미래 시제로 바꿔 쓰세요.

❶ I _____ the room. (clean)

❷ He _____ my uncle. (visit)

❸ She _____ soccer. (play)

❹ He _____ a book. (read)

❺ We _____ a movie. (watch)

조동사 will

will로 미래 표현하기

STEP 1 기초 개념 잡기

영어에는 동사에 뜻을 더해 주는 조동사들이 있어요. 이런 조동사들에는 will, can, must, should 등이 있는데, 그중에서 오늘은 **will**을 배울 거예요. will에는 크게 두 가지 뜻이 있어요. '~일 거예요'라고 추측을 하거나 '~할 거예요'라고 미래의 계획을 나타내는 거예요. 조동사 뒤에는 동사원형이 오기 때문에 will + 동사원형으로 쓰면 된답니다.

리사가 will을 사용해서 내일 할 일을 말하고 있네요!

Think & Write

will을 사용해서 주말에 무슨 일을 했는지 문장을 써 보세요.

I will _____ this weekend.
　　　　(미래의 계획)

1 will + 동사원형: ~할 거예요

'저는 ~할 거예요, ~할게요'라고 미래의 계획을 말할 때는 will 뒤에 동사원형만
쓰면 돼요. 주어가 바뀌어도 똑같이 will+동사원형으로 쓰면 된답니다.

I will **go to America.** 전 미국에 갈 거예요.

He will **remember this.** 그는 이걸 기억할 거예요.

We will **be back.** 우리 다시 돌아올게요.

They will **be there.** 그들은 거기 갈 거예요.

I will go to America.

· remember
  기억하다

TIP 주어와 will은 줄
여서 쓸 수 있어요.
I will → I'll
You will → You'll

2 will + 동사원형: 아마 ~일 거야

'아마 ~일 거예요'라고 미래의 일을 추측할 때도 will을 써요.

It will **rain tomorrow.** 내일 비가 올 거예요.

It will **snow tomorrow.** 내일 눈이 올 거예요.

I will **be busy tomorrow.** 내일 바쁠 거예요.

It will rain
tomorrow.

· busy 바쁜

3 will + not + 동사원형: ~ 안 할 거예요

'아니'라는 말을 하려면 not을 넣어야 하는 거 알죠? will과 같은 조동사가 올 때
는 조동사와 일반동사 사이에 not을 넣어 줘요. 그래서 I will go는 I will not go
가 되는 거예요. 이때 will not은 줄여서 won't로도 쓴답니다.

I won't **go there.** 전 거기 안 갈 거예요.

She won't **touch it.** 그녀는 그거 안 만질 거예요.

They won't **tell anyone.** 그들은 아무한테도 말 안 할 거예요.

· touch 만지다
· anyone 아무, 누구

QUIZ

우리말 해석을 보고 알맞은 말에 ○표 하세요.

① I will (calls / call) Lisa tonight. 오늘 밤에 리사에게 전화할 거예요.

② I (will / won't) lie to you. 당신에게 거짓말하지 않을 거예요.

4 ~할거니? ~해 줄래? Will you~?

"너는 올 거야."라는 말은 You will come. 그럼 이걸 질문으로 바꾸려면 어떻게 해야 할까요? 조동사가 나오는 문장은 조동사를 문장 맨 앞으로 보내면 질문으로 바뀌어요. 그러니까 will을 맨 앞으로 보내 Will you come?이라고 물으면 "너 올 거니?"라는 의미가 돼요.

Will you **come?** 너 올거니?

Will you **promise?** 약속해 줄래?

Will you **hold this?** 이것 좀 잡고 있어 줄래?

- promise 약속하다
- hold 잡고 있다

QUIZ

다음 문장을 will을 사용하여 의문문으로 바꿔 쓰세요.

① You will call him tonight.
➡ _____ _____ call him tonight?

② You will watch a movie.
➡ _____ _____ watch a movie?

이게 궁금해요!

be going to와 will

" 헷갈리는 게 있어요! will도 '~할 거야'고, be going to도 '~할 거야'인데 어떻게 다른 거죠? 두 표현은 똑같은 뜻인가요? "

be going to는 전부터 '~해야지'하고 이미 계획한 걸 말할 때 써요. 한편 will 은 확신하는 상황이나 말하는 순간 결심하는 상황에 써요. 예를 들어 택배가 와서 벨이 울렸을 때 "택배 내가 받을게."라고 말하려면 I will get it. 이라고 하면 돼요. '난 택배가 오는 걸 기다리고 있어. 택배가 오면 내가 꼭 받을 거야.'라고 전부터 계획하고 생각해 왔던 게 아니니까요.

I am going to go **shopping.** 저는 쇼핑하러 갈 거예요. (이미 예정된 계획)

I will call **you later.** 이따가 전화할게요. (지금 내린 결정)

1 다음 문장을 읽고 알맞은 말을 골라 ○표 하세요.

미래의 계획이나 추측을 말할 때 조동사 (will + 동사원형 / do + 동사원형)을 써요.

2 우리말 해석을 보고 빈칸에 will이나 won't를 쓰세요.

❶ It _____ rain tomorrow. 내일 비가 올 거예요.

❷ I _____ listen to you. 당신의 말을 들을 거예요.

❸ Eric _____ tell you. 에릭이 당신에게 말하지 않을 거예요.

❹ We _____ be home this weekend. 우리는 이번 주말에 집에 있을 거예요.

• weekend 주말

3 다음 문장을 의문문으로 바꿔 쓰세요.

❶ You will come.

→ _____

❷ You will go to Brazil.

→ _____

❸ You will remember me.

→ _____

• Brazil 브라질

4 우리말 해석을 보고 I will이나 I won't를 사용하여 문장을 만드세요.

❶ 전 미국에 갈 거예요. (go to America)

→ _____

❷ 전 거기 안 갈 거예요. (go there)

→ _____

❸ 다시 돌아올게요. (be back)

→ _____

❹ 전 당신에게 거짓말하지 않을 거예요. (lie to you)

→ _____

UNIT 20 조동사 can
난 뭐든 할 수 있어! 슈퍼맨 can

STEP 1 기초 개념 잡기

날 수 있다, 말할 수 있다! 이렇게 무언가 할 수 있다고 자신의 능력을 말할 때 슈퍼맨 **can**을 씁니다.
"난 날 수 있어!" I can fly. "난 말할 수 있어!" I can speak. 이렇게 can도 '조동사' 중 하나이기 때문에
혼자서는 쓰이지 못하고 뒤에 동사원형을 쓴답니다.

> 우와, 너무 귀엽다!
> 네 반려동물이야?

> 응!
> 이름은 나나야.

> 너 말할 수 있어?
> **Can** you speak?
> 안녕하세요~ 해 봐!

> 어머, 얘 낯가리는데
> 말 걸지 마!

> 그럼
> 너 이거 잡을 수 있어?
> **Can** you catch it?

> 우리 나나
> 놀리지 마!

> 푸드득

> 탁

> 헉

> 악! 안 돼!
> 내 과자!

> 쯧쯧··
> 그러게 왜 놀려!

나나가 말할 수 있는지 can으로 질문했어요!

Think & Write

I can을 사용하여 내가 할 수 있는 일을 써 보세요.

I can ＿＿＿＿＿＿＿＿＿＿＿＿＿＿＿＿.
　　　　　 (할 수 있는 일)

1 '~할 수 있다'는 can

can은 '~할 수 있다'라는 뜻이에요. "전 수영할 수 있어요."는 I can 뒤에 '수영하다'인 swim을 넣어서 I can swim.으로 써요.

I can swim. 전 수영할 수 있어요.

We can play the piano. 우리는 피아노를 칠 수 있어요.

He can cook spaghetti. 그는 스파게티를 만들 수 있어요.

She can dance. 그녀는 춤출 수 있어요.

2 can + 동사원형

can과 같은 조동사가 올 때는 주어가 3인칭 단수여도 동사에 -s를 붙이지 않아요.

He can run fast. 그는 빨리 달릴 수 있어요.

She can read Chinese. 그녀는 중국어를 읽을 줄 알아요.

My dog can jump high. 우리 개는 높이 뛸 수 있어요.

• high 높이

3 '~할 수 없다'는 cannot

'~할 수 없다'는 not을 써서 표현해요. not은 항상 can이나 will 같은 '조동사' 뒤에 와요. can not은 cannot으로 주로 붙여쓰고, 줄여서 can't로도 쓸 수 있답니다.

I can't open this bottle. 전 이 병을 열 수 없어요.

The child can't write his name. 그 아이는 자기 이름을 쓸 수 없어요.

We can't go to your birthday party. 우리는 당신의 생일 파티에 갈 수 없어요.

• bottle 병

QUIZ

괄호 안의 표현 중 알맞은 것을 골라 ○표 하세요.

1 My brother (can rides / can ride) a bike.

2 I (can find not / cannot find) my cell phone.

• cell phone
  휴대전화

❹ '할 수 있어?'와 '~해 줄래?'의 Can you ~?

친구에게 '할 수 있어?'고 물어볼 땐 조동사 can을 맨 앞으로 보내면 돼요. 그리고 Can you ~?는 '~해 줄래?'라고 부탁할 때도 쓸 수 있어요. Can you call me? 하면 "나한테 전화해 줄래?"라고 부탁하는 말이 된답니다.

- **play chess**
  체스를 하다

- **take** 데려다 주다

Can you **play chess?**
체스 할 줄 알아요?

Can you **speak Chinese?**
중국어 할 줄 알아요?

Can you **help me?**
좀 도와줄래요?

Can you **take me home?**
집에 데려다 줄래요?

QUIZ

다음 문장을 can을 사용하여 의문문으로 바꿔 쓰세요.

❶ He can run fast.

➡ ＿＿＿＿＿＿ ＿＿＿＿＿＿ run fast?

❷ She can play the piano.

➡ ＿＿＿＿＿＿ ＿＿＿＿＿＿ play the piano?

이게 궁금해요!

허락의 can

❝ 영어 시간에 열심히 단어를 외우고 선생님께 확인을 받으니 선생님께서 You can go.라고 하시는 거예요. 넌 갈 수 있다? 저는 원래 가는 걸 할 수 있는데 이게 무슨 뜻이죠? ❞

여기서 can은 '~할 수 있다'는 능력이 아니라 '~해도 좋다'는 허락을 나타내요. 즉 "넌 가도 돼."라고 허락해 주신 거예요. 예를 들어 식탁 위에 맛있는 음식이 있을 때 부모님께 먹어도 되냐고 허락을 받겠죠? 이때 Can I eat this? 라고 하면 된답니다. 부모님께서 "그래, 먹어도 돼."라고 허락하실 때는 Yes, you can.이라고 하실 거예요. 이렇게 can에는 '허락'의 뜻도 있다는 걸 기억하세요!

Can I eat this?

연습문제

1 다음 문장을 읽고 빈칸에 알맞은 말을 쓰세요.

'~할 수 있다'와 '~해도 된다'는 뜻을 가진 조동사는 [   ] 이에요.

2 우리말 해석을 보고 빈칸에 can이나 can't를 쓰세요.

❶ I _____ swim. 저는 수영할 수 없어요.

❷ Birds _____ fly. 새들은 날 수 있어요.

❸ Ivy _____ ride a bike. 아이비는 자전거를 탈 수 없어요.

❹ Paul _____ write with his left hand. 폴은 왼손으로 쓸 수 있어요.

❺ They _____ skate backward. 그들은 스케이트를 뒤로 탈 수 있어요.

- **left hand** 왼손
- **skate** 스케이트를 타다
- **backward** 뒤로

3 다음 대화를 보고 빈칸에 can이나 can't를 넣어 답장을 완성하세요.

← Group Chat   ⊗

Can you come to my
birthday party this Friday?

Yes, I _____ .

Sorry, I _____ .
I am going to see the dentist.

Of course, I _____ .
What time is the party?

- **Of course.** 물론이지.

4 다음 문장을 의문문으로 바꿔 쓰세요.

❶ You can play the guitar.
➡ _____

❷ He can bake cookies.
➡ _____

❸ She can speak Spanish.
➡ _____

- **bake** (케이크 등을) 굽다
- **Spanish** 스페인어, 스페인의, 스페인 사람

UNIT 21 조동사 must

안 하면 큰일 나요! must

STEP 1 기초 개념 잡기

학교도 가야 하고 숙제도 해야 하고, 이렇게 꼭 해야 하는 일이 정말 많죠? 무언가 '해야만 한다'는 영어로 **must**라고 해요. must도 can처럼 조동사이기 때문에, 해야만 하는 일을 말해 주는 다른 동사가 필요하답니다. "나 가야 해."라고 하려면 I must 뒤에 go를 넣어서 I must go.라고 해요.

해야만 하는 일은 must를 써서 표현하면 돼요!

Think & Write

must를 사용해서 오늘 꼭 해야만 하는 일이 무엇인지 문장을 써 보세요.

I must _____ today.

(해야 하는 일)

100

1 I must: 저 ~해야 돼요

'저 ~해야 돼요'라는 말은 I must예요. 해야 하는 일을 must 뒤에 동사원형으로 써 주면 돼요.

I must buy this. 전 이거 꼭 사야 해요.

I must watch that movie. 전 그 영화 꼭 봐야 돼요.

2 You must: ~해야 돼요, 꼭 해야 해요

must를 써서 친구에게 '~해야 돼요, 꼭 해야 해요'라고 말할 때도 You must 뒤에 해야 하는 일을 써 주기만 하면 돼요.

You must come. 꼭 와야 해요.

You must go to the dentist. 꼭 치과에 가야 해요.

You must listen to your mom. 엄마 말씀 잘 들어야 해요.

3 must not, mustn't: ~하면 안 돼요!

can이나 will처럼 must도 바로 뒤에 not을 넣어 주면 '~하면 안 돼요'라는 뜻이 돼요. must not은 줄여서 mustn't라고 쓰기도 합니다. must not은 '~하면 안 돼, 그러면 큰일 나'처럼 '안 된다'는 의미를 강조하는 말이에요.

You mustn't tell a lie. 거짓말 하면 안 돼요.

You mustn't go out at night. 밤에는 외출하면 안 돼요.

You mustn't run near the pool. 수영장 근처에서 뛰면 안 돼요.

• **go out** 외출하다
• **near** 근처에
• **pool** 수영장

QUIZ

우리말 해석을 보고 가장 알맞은 말을 골라 ○표 하세요.

1 I (can / must / will) call Julie.

전 꼭 줄리에게 전화해야 해요.

2 You (must / mustn't) cheat on the test.

시험 볼 때 부정행위를 하면 안 돼요.

• **cheat on a test**
시험에서 부정행위 하다

4 틀림없어요! 틀림없다니까~ You must be ~

친구가 You must be tired.라고 말한다면 무슨 뜻일까요? "넌 피곤해야 해."일까요? 아니에요. 이 말은 "너 틀림없이 피곤하겠구나."라는 뜻이에요. must be는 '~하겠구나, 틀림없이 ~하구나'라는 말이거든요. 이때 must be 뒤에는 형용사를 넣어 주면 돼요.

You must be **tired.** 피곤하겠구나.

You must be **happy.** 기분이 좋겠구나.

You must be **hungry.** 배고프겠구나.

QUIZ

다음 문장을 바르게 해석한 것에 V표 하세요.

1 **You must be sad.** ☐ 슬프겠구나. ☐ 슬프지 않겠네요.

2 **You must be sleepy.** ☐ 졸려야 해요. ☐ 졸리겠구나.

이게 궁금해요!

must와 have to

❝제가 친구에게 같이 놀자고 했더니❞ "I have to do my homework."라고 하는데 이게 무슨 말이죠? 숙제를 가지고 있다는 뜻인가요?

have to는 must와 비슷한 뜻이에요. have는 '가지다'라는 뜻의 동사인데 have 뒤에 to까지 쓰면 '~해야 해요'라는 뜻이 돼요. 그래서 "전 숙제를 해야 해요."라는 뜻이 된답니다. must와 have to는 둘 다 해야할 일에 대한 의무를 표현하지만 말할 때는 have to를 더 자주 쓴답니다.

I have to **do my homework.** 저는 숙제를 해야 해요.

I have to **go now.** 저는 이제 가야 해요.

1 다음 문장을 읽고 알맞은 말을 골라 ○표 하세요.

'~해야만 한다'고 표현하는 조동사는 (must / will / can)이에요.

2 우리말 해석을 보고 must와 알맞은 동사를 써서 문장을 완성하세요.

| practice | finish | stop | read | exercise |

❶ I _____ _____ my homework. 숙제를 끝내야 해요.

❷ I _____ _____ the piano. 피아노 연습해야 해요.

❸ I _____ _____ this book. 이 책을 읽어야 해요.

❹ I _____ _____ playing games. 게임 그만 해야 해요.

❺ I _____ _____ every morning. 매일 아침 운동을 해야 해요.

- finish 끝내다
- practice 연습하다
- exercise 운동하다

3 우리말 해석을 보고 mustn't와 알맞은 동사를 써서 문장을 완성하세요.

| touch | run | ride | swim | take |

❶ You _____ _____ here. 여기서 수영하면 안 돼요.

❷ You _____ _____ in the classroom. 교실에서 뛰면 안 돼요.

❸ You _____ _____ the painting. 그 그림을 만지면 안 돼요.

❹ You _____ _____ pictures here. 여기서 사진을 찍으면 안 돼요.

❺ You _____ _____ a bike. 자전거를 타면 안 돼요.

- take a picture
  사진을 찍다

4 다음 문장을 우리말로 해석하세요.

❶ They must go to school. _____

❷ He must be famous. _____

❸ We must leave now. _____

❹ She must be hungry. _____

❺ You must do your best. _____

- famous 유명한
- leave 떠나다
- do one's best
  최선을 다하다

조동사 should

당연히 해야 할 때 쓰는 should

STEP 1 기초 개념 잡기

오늘 배울 **should**는 당연히 해야 할 일을 말할 때 사용해요. should는 must처럼 강제로 시키는 의미보다는 쓰레기를 버리지 않거나 재활용을 하는(recycle) 등 우리가 마땅히 해야 하는 일을 말할 때 써요.

당연히 해야 할 일은 should를 써서 표현해요!

Think & Write

should를 사용해서 당연히 해야 할 일이 무엇인지 써 보세요.

I should _____.

(당연히 해야 하는 일)

1 I should + 동사원형: 저는 ~해야 해요

'저는 ~해야 해요'라는 말은 I should라고 하면 돼요. must와 달리 '이거 안 하면 큰일 나요'라는 뜻이 아니라 '당연히 ~해야죠'라는 의미예요. should도 조동사이 므로 뒤에 동사원형이 와요.

I should **do my homework.** 저는 숙제를 해야 해요.

I should **help my mom.** 저는 엄마를 도와드려야 해요.

I should **be home before dinner.** 저는 저녁 식사 전에 집에 와야 해요.

• before 전에

2 You should + 동사원형: 당연히 ~해야 돼요

You should를 사용하면 친구에게 '~해야 돼요'라고 말할 수 있어요. 하지만 강요 하는 게 아니라 '당연히 ~해야죠'라는 의미예요.

You should **exercise.** 운동을 해야 해요.

You should **help your sister.** 여동생을 도와야 해요.

You should **finish your meal.** 식사를 마쳐야 해요.

• meal 식사

3 should not = shouldn't: 당연히 ~하면 안 돼요

'당연히 안 되는 일'에 대해 말할 때는 should 뒤에 not을 써 주면 돼요. 줄여서 shouldn't라고 써요.

You shouldn't **yell.** 소리 지르면 안 돼요.

You shouldn't **do that.** 그러면 안 돼요.

You shouldn't **use bad words.** 나쁜 말 하면 안 돼요.

• yell 소리 지르다

QUIZ

우리말 해석을 보고 알맞은 조동사를 골라 ○표 하세요.

1 You (will / should) come early. (당연히) 일찍 와야 해요.

2 You (must / shouldn't) be late for school. 학교에 지각하면 안 돼요.

4 should로 충고하기

책을 읽을 때 유난히 눈을 찡그리는 친구에게 You should wear glasses.라고 하면 무슨 뜻일까요? "당연히 안경을 써야 해요."라는 말이니까 "안경을 쓰는 게 좋겠어요."라는 뜻이에요. 당연히 해야 하는 일 이외에 '~하는 게 좋겠어요'라고 충고할 때도 You should를 쓸 수 있어요.

You should **get some rest.** 휴식을 취해 봐요.

You should **try again.** 다시 시도하는 게 좋겠어요.

You should **tell me the truth.** 진실을 말하는 게 좋겠어요.

- **get some rest**
  쉬다, 휴식을 취하다
- **truth** 진실

QUIZ

다음 충고하는 문장을 우리말로 해석하세요.

❶ You should help your brother.

❷ You should do your homework.

이게 궁금해요!

should와 had better

"친구에게 "너 영어 숙제는 꼭 해야 해. 그 선생님 무섭기로 소문났어. 숙제 안 해 가면 큰일 날 걸."이라고 충고를 해 주고 싶은데 어떻게 하면 될까요?"

must, have to, should는 모두 '~해야 해요'라는 뜻이에요. 이 중에서 must나 have to는 무척 강한 느낌이라 친구에게 충고를 할 때는 should를 쓰는 게 제일 좋아요. 그런데 You should do your homework.의 강도를 조금 높여서 "너 숙제 꼭 하는 게 좋을 거야. 안 그러면 큰일 나."라고 말하고 싶다면 had better (~하는 게 좋을 거야)를 사용해 봐요. 줄여서 You'd better do your homework.라고도 써요.

106

1 다음 문장을 읽고 알맞은 말을 골라 ○표 하세요.

강제가 아니라 당연히 해야 할 일을 표현하는 조동사는 (should / must / do)예요.

2 우리말 해석을 보고 빈칸에 should나 shouldn't를 쓰세요.

❶ I _____ help my friends. 저는 친구들을 도와야 해요.

❷ I _____ go to bed late. 저는 늦게 자면 안 돼요.

❸ I _____ call him back. 저는 그에게 다시 전화해야 해요.

❹ You _____ wear a seat belt. 안전벨트를 매야 해요.

❺ You _____ listen to your parents. 부모님 말씀을 들어야 해요.

❻ You _____ take your umbrella. 우산을 가져가야 해요.

❼ You _____ drink too much soda. 탄산음료를 너무 많이 마시면 안 돼요.

- **seat belt** 안전벨트
- **take** 가져가다

3 우리말 해석을 보고 should와 알맞은 동사를 써서 문장을 완성하세요.

study	clean	finish	come	take

- **hard** 열심히
- **by** (시간) 까지

❶ 공부를 열심히 하는 게 좋겠어요.

➡ You _____ _____ hard.

❷ 방을 청소하는 게 좋겠어요.

➡ You _____ _____ your room.

❸ 버스를 타는 게 좋겠어요.

➡ You _____ _____ a bus.

❹ 숙제를 끝내는 게 좋겠어요.

➡ You _____ _____ your homework.

❺ 집에 3시까지 오는 게 좋겠어요.

➡ You _____ _____ home by 3 o'clock.

해 봤다! 가 봤다! have를 불러 봐

STEP 1 기초 개념 잡기

'저 ~해 봤어요'라고 자기가 경험한 일을 말할 땐 have를 써요. have는 '가지다'가 아니라 '~해 본 적 있다'고 말할 수 있게 도와주는 도우미예요. "전 축구해 본 적 있어요."는 I have played soccer.라고 하면 돼요. 여기서 주의! played는 play의 과거형이 아니에요. 생긴 건 같지만 '과거분사'라는 친구예요. 즉 **have + 과거분사**로 써 주면 '~해 봤어요'라는 말이 된답니다. 이를 **현재완료**라고 불러요.

Think & Write

내가 배워 본 적 있는 외국어가 무엇인지 have를 사용해 문장을 써 보세요.

I _____ studied _____.

(외국어)

1 과거분사란?

'무엇을 해 봤다'고 경험을 말할 때는 도우미 have와 과거분사를 써요. 과거분사는 대부분 과거형과 똑같이 생겼어요. 하지만 전혀 다르게 바뀌는 경우도 있어요. 어떤 동사들이 특별한 과거분사로 변신하는지 볼까요?

뜻	현재형	과거형	과거분사
~이다, ~에 있다	am, are, is	was, were	been
보다	see	saw	seen
먹다	eat	eaten	eaten
만나다	meet	met	met

2 이것도, 저것도 '해 봤다!'

'저 ~해 봤어요'는 말은 'I have + 과거분사' 형태로 써요. 이렇게 'have + 과거분사'가 쓰인 문장을 '현재완료' 시제라고 해요.

I have seen **a ghost.** 저는 귀신을 본 적이 있어요.

I have watched **the movie.** 저는 그 영화를 본 적이 있어요.

I have met **him before.** 저는 전에 그를 만나 본 적이 있어요.

• ghost 귀신

3 여기도, 저기도 '가 봤다!'

'어디에 가 봤어요'도 have + 과거분사를 써요. '가다(go)'의 과거분사가 gone이니까 have gone이라고 하면 될까요? 그렇지 않아요. have gone은 '가 버리고 여기에 없다'라는 뜻이에요. '어디에 가 봤다'고 할 땐 be동사의 과거분사 been을 써서 have been이라고 표현하니까 꼭 기억하세요!

I have been **to Busan.** 저는 부산에 가 본 적 있어요.

I have been **to China.** 저는 중국에 가 본 적 있어요.

> ### QUIZ
>
> 우리말 해석을 보고 알맞은 말을 골라 ○표 하세요.
>
> **1** I (have seen / have saw) Sam before. 저는 전에 샘을 본 적이 있어요.
>
> **2** I (have was / have been) to Spain. 저는 스페인에 가 본 적이 있어요.

4 해 본 적 있냐고 물어보기

'~해 본 적 있어?'라는 질문은 어떻게 할까요? 도우미 have를 맨 앞으로 보내면 돼요. 예를 들어 You have seen an aurora.를 의문문으로 바꿔줄 땐 Have you seen an aurora?라고 하면 된답니다. 이렇게 '~해 봤니?'라고 친구에게 물어볼 땐 'Have you+과거분사 ~?'를 쓰면 돼요. 대답은 해 본 적이 있으면 Yes, I have.라고 하고, 해 본 적이 없으면 No, I haven't.라고 말해요.

• **aurora** 오로라

You have been **to Paris.** 당신은 파리에 가 본 적이 있군요.

➡ **Have you** been **to Paris?** 당신은 파리에 가 본 적이 있나요?

You have eaten **tacos.** 당신은 타코를 먹어 본 적이 있군요.

➡ **Have you** eaten **tacos?** 당신은 타코를 먹어 본 적이 있나요?

QUIZ

다음 문장을 의문문으로 바꿔 쓰세요.

1 You have seen a camel.
➡ _____

2 You have been to India.
➡ _____

• **camel** 낙타

• **India** 인도

이게 궁금해요!

현재완료의 부정

❝ '해 본 적 있다'는 이제 알겠어요. '해 본 적 없다'라고 하려면 어떻게 해요? "난 네 쿠키를 먹은 적 없어."라고 말하고 싶거든요. I have eaten your cookies not! 이러면 돼요? ❞

'~한 적 없어요'라고 말하려면 have와 과거분사 사이에 not을 넣어 주면 된답니다. 이때 have not을 haven't로 줄여서 쓰기도 해요. 그러니까 'haven't+과거분사'라고 하면 되는 거죠. '한 번도, 절대로, 결코 ~해 본 적 없다'라고 강조할 때는 not 대신에 never를 넣어서 'have never+과거분사'라고 쓰면 돼요.

I haven't been **to Europe.** 저는 유럽에 가 본 적이 없어요.

I have never eaten **your cookies.** 저는 당신의 쿠키를 절대 먹은 적이 없어요.

I haven't been to Europe.

1 다음 문장을 읽고 빈칸에 알맞은 말을 쓰세요.

'~해 본 적 있다'라고 말할 때는 have +

ㄱ	ㄱ	ㅂ	ㅅ

를 써요.

2 다음 동사를 알맞은 형태로 써넣어 우리말에 맞는 문장을 완성하세요.

eat	see	be	meet

❶ I have _____ a UFO. 저는 UFO를 본 적 있어요.

❷ I have _____ an American. 저는 미국인을 만난 적이 있어요.

❸ I have _____ his spaghetti. 저는 그가 만든 스파게티를 먹어 봤어요.

❹ I have _____ to New York. 저는 뉴욕에 가 본 적이 있어요.

3 다음 문장을 의문문으로 바꿔 쓰세요.

❶ You have been to Thailand.

➡ _____

❷ You have eaten bibimbap.

➡ _____

❸ You have lived in Seoul.

➡ _____

• Thailand 태국

4 다음 질문에 알맞은 대답을 빈칸에 쓰세요.

❶ A: Have you seen a giraffe?

B: Yes, _____ _____.

❷ A: Have you written a letter?

B: No, _____ _____.

❸ A: Have you talked to a foreigner?

B: No, _____ _____.

❹ A: Have you played the guitar?

B: _____, _____ _____. Just once.

• giraffe 기린

• letter 편지

• foreigner 외국인

• once 한 번

1 다음 문장에서 밑줄 친 부분을 바르게 고쳐 쓰세요.

1 I'm going to <u>am</u> an actor. ➡ _____

2 I'm not going to <u>tells</u> her. ➡ _____

3 He and I <u>am</u> going to study math. ➡ _____

4 <u>Are</u> your mom going to sell her car? ➡ _____

5 <u>Is</u> they going to paint their house? ➡ _____

2 다음 괄호 안의 표현 중 알맞은 것을 골라 ○표 하세요.

1 It (will be / was) cold tomorrow.

2 She (am / is) home now.

3 (Will / Did) you come tomorrow?

4 (Will / Did) you go shopping yesterday?

5 He (will go / goes) to the party tomorrow.

6 They (will go / went) to the park yesterday.

3 우리말 해석을 보고 will과 won't 중에서 알맞은 것을 골라 쓰세요.

1 I _____ come back. 저는 돌아오지 않을 거예요.

2 He _____ keep the promise. 그는 약속을 지킬 거예요.

3 I _____ swim in the river. 저는 이 강에서 수영할 거예요.

4 She _____ be busy tomorrow. 그녀는 내일 바쁠 거예요.

5 They _____ call you. 그들은 당신에게 전화하지 않을 거예요.

6 I _____ take a picture. 저는 사진을 찍지 않을 거예요.

4 그림을 보고 can이나 can't를 넣어 문장을 바르게 완성하세요.

1  She _____ speak Chinese.

2  Tony _____ ski.

3   We _____ make sandwiches.

5 우리말 해석을 보고 will과 can 중 알맞은 것을 골라 쓰세요.

1 _____ I eat this? 이거 먹어도 돼요?

2 _____ you go to Tim's birthday party? 팀의 생일 파티에 갈 건가요?

3 _____ I watch a movie? 영화 봐도 돼요?

4 _____ I go to the bathroom? 화장실 가도 돼요?

5 _____ you have some more? 더 먹을 거예요?

6 우리말 해석을 보고 must와 mustn't 중 알맞은 것을 골라 쓰세요.

1 You _____ read this book. 당신은 이 책을 읽어야 해요.

2 You _____ stand in line. 당신은 줄을 서야 해요.

3 You _____ use your cell phone in class. 당신은 수업 시간에 핸드폰을 사용하면 안 돼요.

4 You _____ make fun of your friends. 당신은 친구들을 놀리면 안 돼요.

5 You _____ finish this work today. 당신은 오늘 이 일을 끝내야 해요.

7

다음 문장을 우리말로 해석하세요.

① They must be tired. _____

② She must be happy. _____

③ You must wear glasses. _____

④ My dad must go to work tomorrow. _____

8 우리말 해석을 보고 주어진 동사를 빈칸에 알맞은 형태로 바꿔 쓰세요.

①

I have _____ this book.
저는 이 책을 읽은 적이 있어요. (read)

②

We have _____ to the New York.
우리는 뉴욕에 가 본 적이 있어요. (be)

③

Have you _____ a tiger?
호랑이를 본 적 있나요? (see)

④

Have you _____ strawberries?
딸기를 먹어 본 적이 있나요? (eat)

9 다음 주어진 단어를 알맞게 배열하세요.

① have / golf / . / We / played _____

② I / Paris / to / been / have / . _____

③ you / the movie star / met / Have / ? _____

④ the movie / . / seen / They / have _____

⑤ novels / written / . / has / He / many _____

PART 4

뭐든지 물어볼 수 있는 의문사

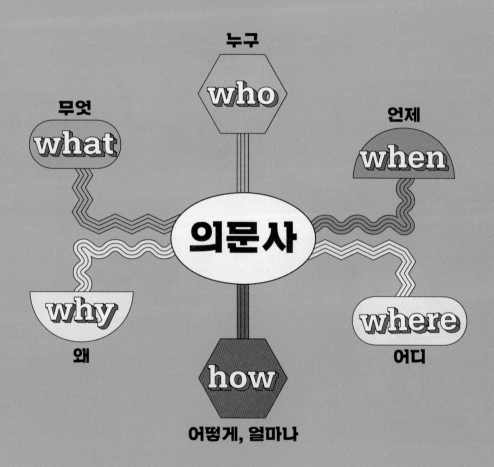

이것만 알면 세상에 궁금한 건 무엇이든 다 물어볼 수 있어요. 그게 뭐냐고요? 바로 의문사예요! 영어에는 6개의 의문사가 있어요. what(무엇), who(누가), when(언제), where(어디서), how(어떻게), why(왜). 자, 지금부터 의문사로 묻는 방법에 대해 알아볼까요?

의문사 what

'무엇'인지 궁금할 땐 what

만일 부모님께서 What do you want?라고 물어본다면 뭐라고 대답해야 할까요? What do you want?는 "무엇을 갖고 싶니?"라는 뜻이에요. "무엇을 하고 싶니? 무엇을 갖고 싶니?"처럼 '무엇'에 대해 물어볼 땐 **의문사 what**을 쓰면 돼요.

무엇인지 물어볼 땐 what을 써요!

Think & Write

what을 사용해서 모르는 사람의 이름을 묻는 질문을 써 보세요.

1 '무엇'은 what

what은 '무엇, 무슨'이라는 뜻이에요. 그래서 여러 궁금한 것들을 물어볼 때 편리하게 사용할 수 있어요.

What **do you want?** 무엇을 갖고 싶나요?

What **does she want?** 그녀는 무엇을 갖고 싶어 하나요?

What **did he want?** 그는 무엇을 갖고 싶어 했나요?

2 what과 be동사: ~는 무엇이니?

Your name is Lisa. 를 질문으로 바꾸면 be동사가 맨 앞으로 가서 Is your name Lisa? "네 이름이 리사니?"가 되죠. 만약 친구의 이름을 모른다면 what을 문장 맨 앞에 넣어 What is your name? "네 이름이 뭐니?"라고 물으면 돼요.

What is **your name?** 이름이 뭐니?

What is **the title?** 제목이 뭐예요?

What is **your hobby?** 취미가 뭐예요?

- title 제목
- hobby 취미

3 what과 일반동사 : 무엇을 ~하니?

"무엇을 좋아하니? 무엇을 갖고 싶니?"라고 물을 때도 what을 써요. '~을 좋아한다'는 You like ~이고 '~을 좋아하니?'라고 물을 땐 Do you like ~?를 써요. 맨 앞에 what을 넣어 주면 What do you like? "무엇을 좋아하니?"가 된답니다.

Do you like ~? ⟹ What **do you like?** 무엇을 좋아하나요?

Do you want ~? ⟹ What **do you want?** 무엇을 갖고 싶나요?

Do you need ~? ⟹ What **do you need?** 무엇이 필요하나요?

QUIZ

우리말 해석을 보고 알맞은 말을 골라 ○표 하세요.

(What do / Do) you want for Christmas?

크리스마스에 무엇을 갖고 싶나요?

---

4 '무슨, 몇'을 물을 때도 what

what은 '무엇'이라는 뜻이에요. 그런데 가끔 '무슨, 몇'이라고 해석될 때도 있어요. what 바로 뒤에 명사가 나오는 경우예요. 예를 들어 '무슨 색깔'은 what color이고, '몇 시'는 what time이에요. 아래의 자주 쓰는 질문들은 꼭 기억해 두세요.

What number is it? 몇 번이에요?

What grade are you in? 몇 학년인가요?

What color is it? 무슨 색깔이에요?

What day is it? 무슨 요일이에요?

What subject do you like? 무슨 과목을 좋아하나요?

What movie did you see? 무슨 영화를 봤나요?

- grade 학년
- subject 과목

이게 궁금해요!

what과 which의 차이

" 무슨 색인지 물어볼 때는 what color를 사용해서 말하잖아요. 친구가 제게 "무지개 중에서 무슨 색을 좋아하니?"라고 물으면서 '위치'라고 하던데 '위치'가 뭐죠? "

아마 친구가 물어본 말은 Which color do you like?이었을 거예요. which도 '무엇, 무슨'이라는 뜻을 가지고 있거든요. 그럼 what이랑 어떻게 다르냐고요? what은 여러 가지 중에서 고를 때 사용하지만 which는 몇 개 안 되는 것 중에서 고를 때 사용한답니다. 무지개의 일곱 색깔 중에서 무슨 색을 좋아하는지 물어볼 때는 which color, 어느 쪽 길로 갔는지 물어볼 때는 which way라고 말해요. 이렇게 선택의 폭이 좁을 땐 what 대신 which를 쓸 수 있어요.

I like red.

Which color do you like?

1 다음 문장을 읽고 빈칸에 알맞은 말을 쓰세요.

'무엇, 무슨'이라는 의미를 가지고 있는 의문사는 _____ 이에요.

2 빈칸에 공통으로 들어갈 단어를 쓰고, 알맞은 우리말 해석에 ○표 하세요.

① _____ is your name? 네 (이름 / 별명)이 뭐니?

② _____ is your hobby? 네 (학년 / 취미)이(가) 뭐니?

③ _____ is your phone number? 네 (집 주소 / 전화번호)가 뭐니?

④ _____ is your favorite food? 네가 제일 좋아하는 (음식 / 과일)이 뭐니?

• favorite
아주 좋아하는

3 우리말 해석을 보고 알맞은 동사를 골라 빈칸에 쓰세요.

have	need	like	want	do

① What do you _____ ? 무엇을 원하니?

② What do you _____ ? 무엇을 좋아하니?

③ What do you _____ ? 무엇이 필요하니?

④ What do you _____ in your bag? 가방에 무엇을 가지고 있니?

⑤ What do you _____ in your free time? 여가 시간에 무엇을 하니?

• free time
여가 시간

4 우리말 해석을 보고 주어진 단어를 알맞게 배열하세요.

① 무슨 요일이에요? (day / is / it / What / ?)

_____

② 이게 무슨 색이니? (What / ? / color / this / is)

_____

③ 너는 몇 학년이니? (grade / What / in / ? / you / are)

_____

④ 무슨 영화를 봤나요? (? / movie / What / did / see / you)

_____

UNIT 25 의문사 who
'누구'인지 궁금할 땐 who

TV에 아이돌이 춤추고 노래하는 걸 보시고 엄마가 물어보는 경우가 있죠? "저 애들은 누구니?" 오늘은 바로 이 '누구'에 대해서 배울 거예요. '누구'라는 말은 영어로 **who**라고 해요. 이렇게 who로 시작하는 질문은 'Who + be동사 + 주어?'로 물으면 돼요.

누구인지 물어볼 땐 의문사 who를 써요!

Think & Write

who를 사용해서 사진 속 여자가 누구인지 묻는 질문을 써 보세요.

120

1 '누구'는 who

who는 '누구'라는 뜻이에요. 그래서 '누구, 누가'라는 말이 들어가는 질문에는 who를 쓰면 된답니다. 친구가 "나 오다가 그 애 만났다."라고 말하면 "누구?" 라고 묻겠죠? 이럴 때 간단하게 Who?라고 할 수 있어요.

A: She is my sister. 그녀는 제 여동생이에요.

B: Who? 누구요?

2 Who + be동사 현재형: ~가 누구니?

"너랑 제일 친한 친구가 누구니?"라고 묻고 싶으면 문장 맨 앞에 who를 넣어서 Who is your best friend?라고 하면 돼요. 이렇게 'Who + be동사 현재형' 뒤에 묻고 싶은 사람을 넣으면 된답니다. 이때 be동사 현재형은 is나 are를 써서 표현해요.

Who are **they**? 그들은 누구예요?

Who is **your English teacher**? 너희 영어 선생님은 누구시니?

Who is **your favorite singer**? 네가 가장 좋아하는 가수가 누구니?

3 Who + be동사 과거형: ~가 누구였니?

'~가 누구였나요?, 누가 ~였나요?'라고 과거로 물을 땐 be동사를 과거형으로 바꿔서 Who was/were ~?로 물으면 돼요.

Who was **it**? 누구였나요?

Who was **the director**? 감독이 누구였나요?

Who were **the leading actors**? 주연 배우가 누구누구였나요?

- director 감독
- leading actor
  주연 배우

QUIZ

우리말 해석을 보고 알맞은 be동사를 골라 ○표 하세요.

1 Who (is / was) he? 저 남자아이는 누구니?

2 Who (are / were) your parents? 누가 너의 부모님이시니?

④ Who + 일반동사: 누가 ~해요?

who로 시작되지만 be동사가 나오지 않고 일반동사가 쓰인 문장도 있어요. 이런 문장은 현재형이면 '누가 ~해요?'로 과거형이면 '누가 ~했어요?'로 해석하면 돼요. 가장 많이 쓰이는 몇 가지 짧은 문장들을 살펴보도록 해요.

Who **knows?** 누가 아나요?

Who **says so?** 누가 그렇게 말해요?

Who **did that?** 누가 저랬나요?

Who **told you?** 누가 당신에게 말했나요? (누구한테 들었나요?)

Who **made this juice?** 누가 이 주스를 만들었나요?

TIP 의문사 who는 단수 주어로 취급하기 때문에 현재형 문장에서는 일반동사에 -s가 붙어요.

> Who made this juice?

QUIZ

다음 문장을 우리말로 해석하세요.

❶ Who told you?

　➡ _____

❷ Who made this sandwich?

　➡ _____

이게 궁금해요!

whose의 쓰임

❝ 친구들과 보드게임을 하는데 누구 차례냐고 묻고 싶어서 Who is it?라고 말했더니 다들 웃었어요. 이럴 땐 어떻게 말해야 하나요? ❞

'누구'라는 말이 있으니까 당연히 who가 나올 거라고 생각하겠지만, "누구 차례지?"라는 말은 "누구의 차례지?"라는 말이에요. 따라서 '누구의'라는 뜻의 whose가 와야 해요. 이 뒤에 '차례'라는 뜻의 turn까지 붙여 주면 Whose turn is it?이 된답니다.

> Whose fault is it?

Whose **turn** is it? 누구 차례죠? 　　It's my turn. 제 차례예요.

Whose **fault** is it? 누구의 잘못이죠? 　　It's your fault. 당신의 잘못이죠.

1 다음 문장을 읽고 빈칸에 알맞은 말을 쓰세요.

'누구, 누가'라는 의미를 가지고 있는 의문사는 [_____] 예요.

2 다음 빈칸에 알맞은 의문사와 be동사를 넣어 문장을 완성하세요.

① Who _____ Tara?   타라가 누구니?

② Who _____ these kids?   이 아이들은 누구니?

③ _____ _____ your brother?   네 남동생은 누구니?

④ _____ _____ your math teacher?   너희 수학 선생님은 누구시니?

⑤ _____ _____ your best friends?   너의 가장 친한 친구들은 누구니?

3 우리말 해석을 보고 빈칸에 알맞은 be동사 형태를 쓰세요.

① Who _____ they?   그들은 누구였나요?

② Who _____ your uncle?   네 삼촌은 누구시니?

③ Who _____ the director?   감독이 누구였나요?

④ Who _____ her parents?   그녀의 부모님은 누구였나요?

⑤ Who _____ your favorite actors?   네가 가장 좋아하는 배우들은 누구니?

4 우리말 해석을 보고 빈칸에 알맞은 말을 골라 ○표 하세요.

• win first place
일등을 하다, 우승하다

① Who (eats / ate) my pizza?   누가 제 피자를 먹었나요?

② Who (wins / won) first place?   누가 일등했나요?

③ Who (gives / gave) you this chocolate?   누가 당신에게 이 초콜릿을 줬나요?

④ Who (says / said) so?   누가 그렇게 말해요?

⑤ Who (writes / wrote) this letter?   누가 이 편지를 썼나요?

⑥ Who (knows / knew) him?   누가 그를 아나요?

UNIT 26 의문사 when

'언제'냐고 물어볼 땐 when

STEP 1 기초 개념 잡기

'언제'라는 말은 영어로 **when**이에요. '언제 해?, ~는 언제야?'처럼 '언제'가 들어가는 문장은 무조건 When으로 시작하면 된답니다. 예를 들어 "생일이 언제니?"라고 묻고 싶을 땐 when을 써서 When is your birthday?라고 하면 돼요.

언제인지 물어볼 땐 when을 써요!

Think & Write

when을 사용해서 친구의 생일이 언제인지 묻는 질문을 써 보세요.

_____ is _____'s birthday?
　　　　　　　　　　　(친구 이름)

1 '언제'는 when

when은 '언제'라는 뜻이에요. 그래서 '언제'가 들어간 질문에는 when을 쓴답니다. when은 보통 문장 맨 앞에 와요. 그리고 간단히 When? "언제요?"라고 물어볼 수도 있어요.

A: I have a big test. 중요한 시험이 있어요.
B: When? 언제요?

2 When is ~?: ~는 언제예요?

"오늘이 네 생일이니?" Is today your birthday?를 "네 생일은 언제니?"라고 물어 보려면 when을 문장 맨 앞에 넣고 today를 빼면 돼요. 그러면 When is your birthday?라는 문장이 완성된답니다.

When is your birthday? 생일이 언제예요?
When is the picnic? 소풍은 언제예요?
When is the exam? 시험이 언제예요?

• picnic 소풍

3 When + do/did ~?: 언제 ~해요?, 언제 ~했나요?

"떠나니?" Do you leave?를 "언제 떠나니?"라고 물어보려면 when을 문장 맨 앞에 넣어서 When do you leave?라고 하면 돼요. "언제 떠났어요?"처럼 과거로 물어볼 때는 do 대신에 did를 넣어서 When did you leave?라고 하고요.

When do you leave? 언제 떠나요?
When does he study? 그는 언제 공부해요?
When did you make this? 이건 언제 만들었나요?

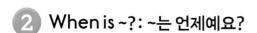

우리말 해석을 보고 알맞은 말을 골라 ○표 하세요.

❶ (When / What) is the concert? 그 콘서트는 언제예요?
❷ When (do / does) May get up? 메이는 언제 일어나나요?

• concert 콘서트

④ '몇 시에'라고 물을 땐 what time

'언제'라고 물어보는 대신 '몇 시에'라고 물어보려면 when 자리에 what time 을 넣어 주면 돼요. "언제 자니?"라는 말은 When do you go to bed?이고 "몇 시에 자니?"라는 말은 What time do you go to bed?예요. when으로 물어봤을 때는 그냥 '밤에(at night)'라고 대답하면 되지만, what time으로 물어보면 '9시에 (at 9 o'clock)'처럼 정확한 시간으로 대답해야 해요.

When do you go to bed? 언제 자요?

➡ **What time do you go to bed?** 몇 시에 자요?

When do you leave? 언제 떠나나요?

➡ **What time do you leave?** 몇 시에 떠나나요?

What time do you leave?

QUIZ

우리말 해석을 보고 알맞은 말을 골라 ○표 하세요.

❶ (When / What time) does she study? 그녀는 언제 공부하나요?

❷ (When / What time) does he study? 그는 몇 시에 공부하나요?

이게 궁금해요!

날짜를 말하는 방법

❝ 영어로 생일을 말하면 학교 선생님께서 간식을 주신대요! 제 생일은 7월 11일이니까 seven, eleven! 이렇게 말하는 거 맞죠? ❞

내 생일은 1월 2일이니까 January 2nd!

seven은 숫자 '7'이지 '7월'이란 뜻이 아니에요. eleven도 마찬가지고요. 영어의 달은 각각 자기 이름이 있어요. 특히 날짜를 읽을 땐 one(하나), two(둘) …라고 읽지 않고 first(첫째), second(둘째) …처럼 세어서 읽어요. 1월 2일은 January 2nd, 7월 11일은 July 11th예요! 이제 간식 먹을 수 있겠죠?

January 1월 **February** 2월 **March** 3월   **April** 4월   **May** 5월   **June** 6월

July 7월   **August** 8월   **September** 9월 **October** 10월 **November** 11월 **December** 12월

1 다음 문장을 읽고 빈칸에 알맞은 말을 쓰세요.

'ㅇ   ㅈ' 라는 의미를 가지고 있는 의문사는 when이에요.

2 우리말 해석을 보고 빈칸에 알맞은 말을 골라 ○표 하세요.

1 When (does / did) Tom say that? 톰이 언제 그렇게 말했나요?

2 When (do / did) they leave? 그들은 언제 떠나나요?

3 When (is / are) your birthday? 생일이 언제인가요?

4 When (do / did) that happen? 그 일이 언제 일어났나요?

· **happen**
일이 일어나다, 발생하다

3 우리말 해석을 보고 빈칸에 When이나 What time을 쓰세요.

1 _____ do you have dinner? 언제 저녁을 먹나요?

2 _____ _____ do you get up? 몇 시에 일어나나요?

3 _____ _____ do you go to school? 몇 시에 학교 가나요?

4 _____ do you visit your grandparents? 언제 조부모님 댁에 가나요?

· **grandparents**
조부모님 (할머니와
할아버지)

4 우리말 해석을 보고 주어진 단어를 이용하여 문장을 만드세요.

1 소풍이 언제예요? (the picnic)

_____

2 콘서트가 언제예요? (the concert)

_____

3 여름 방학이 언제예요? (summer vacation)

_____

4 몇 시에 자요? (go to bed)

_____

· **picnic** 소풍

의문사 where
'어디'냐고 물어볼 땐 where

STEP 1 기초 개념 잡기

이번 시간에는 '**어디**'에 있는지를 물어보는 말을 공부할 거예요. 바로 **의문사 where**예요. "그거 어디에 있니?"라고 물으려면 Where is ~?를 써요. 그런데 단순히 "어디에 있니?"라고 위치를 묻는 게 아니라 "어디에서 사니?"처럼 물어볼 때는 do를 써서 Where do you ~?를 쓴답니다.

어디에 있는지 물어볼 땐 where를 써요.

Think & Write

where를 사용해서 내 주변의 물건이 어디에 있는지 묻는 질문을 써 보세요.

_____ is my _____ ?
(물건)

128

STEP 2 핵심 문법 익히기 　🔊 예문 듣기 27

1 '어디'는 where

where는 '어디'라는 뜻이에요. '어디에 있나요?, 어디에서 ~하나요?'와 같은 질문에는 모두 where를 쓰면 돼요.

A: There is a rainbow in the sky. 하늘에 무지개가 있어요.
B: Where? 어디요?

2 Where be동사 ~?: 어디에 ~이 있니?

"아빠가 어디에 계시니?"라는 질문을 하려면 Is your dad at home? "너희 아빠는 집에 계시니?"라는 질문에 '어디'라는 뜻을 가진 where를 문장 맨 앞에 넣고 at home을 빼서 Where is your dad?라고 하면 돼요.

Where is my jacket? 제 재킷은 어디에 있나요?
Where are my notebooks? 제 공책들은 어디에 있나요?

3 Where do/does ~?: 어디에서 ~하니?

'어디에서 ~하니?'라고 물어보려면 맨 앞에 where를 붙여 Where do you ~?라고 하면 돼요. 주어가 3인칭 단수일 때는 Where does he/she ~?를 쓴답니다.

Where do you get off? 당신은 어디에서 내리나요?
Where do you go to school? 어느 학교에 다니나요?
Where does Jenny live? 제니는 어디에서 사나요?
Where does David come from? 데이비드는 어디에서 왔나요?
　　　　　　　　　　　　　　　　　　　　(어느 나라 사람인가요?)

• **get off** (기차, 버스 등에서) 내리다

QUIZ

다음 밑줄 친 부분을 바르게 고쳐 문장을 다시 쓰세요.

1 When are my shoes?
➡ _____

2 Where <u>does</u> you eat lunch?
➡ _____

④ Where did ~? 어디에서 ~했니?

"그것을 찾나요?"라고 물을 땐 Do you find it?이라고 해요. 그리고 "그것을 찾았나요?"처럼 과거형으로 말할 땐 Did you find it?이라고 해요. "그것을 어디에서 찾았나요?"라고 좀 더 구체적으로 물으려면 where를 붙여서 Where did you find it?이라고 물으면 돼요.

Did you find it? 그것을 찾았나요?

➡ **Where did you find it?** 그것을 어디에서 찾았나요?

Did you buy it? 그것을 샀나요?

➡ **Where did you buy it?** 그것을 어디에서 샀나요?

Where did you buy it?

TIP where를 사용해서 "어디에 있었어요?"라고 물어볼 때는 be동사의 과거인 was나 were를 써야 한답니다.

Where was my hat?
(제 모자가 어디에 있었나요?)

QUIZ

우리말 해석을 보고 알맞은 말을 골라 ○표 하세요.

❶ Where (were / did) you meet Jane? 제인을 어디에서 만났나요?

❷ Where (was / did) you buy the T-shirt? 그 티셔츠를 어디에서 샀나요?

이게 궁금해요!

where가 있는 의문문

❝여행을 갔다가 길을 잃어버려서 여기가 어디냐고❞ 묻고 싶었거든요. Where is it?이라고 말했더니 무엇을 찾느냐고 묻더라고요. 여기가 어디인가요?라는 말은 어떻게 표현하나요?

"여기가 어디인가요?"라는 말은 I를 써서 Where am I?라고 해요. 그대로 번역하면 "제가 어디에 있나요?"라는 뜻이에요. 곧 "여기가 어디예요?"라는 말이 되는 거죠. 앞으로 길을 잃었을 때는 꼭 Where am I?라고 물어보세요. 만약 친구들과 같이 길을 잃었다면 Where are we?라고 해야겠죠?

Where are we?

Where am I? 제가 어디에 있나요? ┐
└ 여기가 어디인가요?
Where are we? 우리가 어디에 있나요? ┘

1 다음 문장을 읽고 빈칸에 알맞은 말을 쓰세요.

'어디에'라는 의미를 가지고 있는 의문사는 _____ 예요.

2 다음 빈칸에 알맞은 의문사와 be동사를 넣어 문장을 완성하세요.

❶ Where _____ you? 당신은 어디에 있나요?

❷ Where _____ my pants? 제 바지는 어디에 있나요?

❸ _____ _____ Lily? 릴리는 어디에 있나요?

❹ _____ _____ you from? 어디에서 왔나요? (어느 나라 사람인가요?)

3 다음 문장을 읽고 알맞은 단어를 골라 ○표 하세요.

❶ Where (is / are) your bag?

❷ Where (is / are) your gloves?

❸ Where (is / are) my glasses?

❹ Where (do / does) Jenny live?

❺ Where (do / does) you meet your friends?

4 다음 문장에서 밑줄 친 부분을 바르게 고쳐 문장을 다시 쓰세요.

❶ Where <u>are</u> my sisters? 제 여동생들은 어디에 있었나요?

➡ _____

❷ Where <u>are</u> you play soccer? 당신은 어디에서 축구를 하나요?

➡ _____

❸ Where <u>was</u> my shoes? 제 신발이 어디에 있었나요?

➡ _____

❹ Where <u>do</u> you live? 당신은 어디에서 살았나요?

➡ _____

의문사 how

'어떻게', '얼마나'가 궁금할 땐 how

STEP 1 기초 개념 잡기

how는 크게 두 가지 뜻을 가지고 있어요. 바로 '**어떻게**'와 '**얼마나**'예요. How are you? "어떻게 지내나요?"에서 how는 '어떻게'의 의미이지만, How old are you? "얼마나 나이를 먹었나요?(몇 살인가요?)"에서 how는 '얼마나'라는 뜻이에요.

지호가 how에 '얼마나'라는 뜻도 있다는 걸 몰랐군요!

Think & Write

how를 사용해서 어떻게 지내는지 안부를 묻는 질문을 써 보세요.

1 How + be동사 + 사람: ~는 어떻게 지내나요?

안부를 물을 때 쓰는 how는 '~는 어떻게 지내나요?, ~는 잘 있나요?'라는 의미예요. How is ~?나 How are ~? 뒤에 안부를 묻고 싶은 사람을 넣으면 돼요.

How is **your uncle?** 삼촌은 잘 계시나요?

How is **your family?** 당신의 가족은 잘 있나요?

How are **your parents?** 부모님은 잘 계시나요?

2 How + be동사 + 묻고 싶은 것: ~는 어때요?

'~는 어때?'라고 물어볼 때도 How is ~?를 써요.

How is **your cold?** 감기는 어때요?

How is **the food?** 음식은 어떤가요? (맛있나요?)

How is **the weather?** 날씨는 어때요?

How is the food?

3 How + 형용사: 얼마나 ~한가요?

how는 '얼마나'라는 뜻도 있어요. how 뒤에 형용사를 붙여서 '얼마나 ~해?'라고 물어볼 수 있어요. 예를 들어 tall(키가 큰)을 how 뒤에 붙여 how tall이라고 하면 '얼마나 큰'이라는 의미예요.

How tall **are you?** 키가 얼마나 큰가요? (키가 몇이에요?)

How old **are you?** 얼마나 나이를 먹었나요? (몇 살이에요?)

How long **is this river?** 이 강은 얼마나 긴가요?

• river 강

QUIZ

우리말 해석을 보고 알맞은 말을 골라 ○표 하세요.

1 (Where / How) is your aunt? 이모(고모)는 잘 계시나요?

2 How (big is / big are) is your room? 방이 얼마나 큰가요?

④ How many, How much로 얼마나 있는지 묻기

how 뒤에 many나 much를 써서 '얼마나 많이' 있는지 표현해요. many는 '셀 수 있는 것들이 많을 때' 쓰고, much는 '셀 수 없는 것들이 많을 때' 쓴다고 했죠? 셀 수 있는 '책, 연필, 사과'가 얼마나 많이 있는지 묻고 싶으면 How many를 써요. '시간, 물, 돈'처럼 셀 수 없는 것들이 얼마나 많이 있는지 물을 땐 How much를 쓰면 된답니다.

How many **books do you have?** 책을 몇 권이나 가지고 있나요?

How many **apples do you want?** 사과 몇 개를 원하나요?

How much **time do you need?** 시간이 얼마나 필요한가요?

How much **water do you drink every day?** 매일 물을 얼마나 마시나요?

How much **is this cap?** 이 모자 얼마예요? (가격)

QUIZ

괄호 안의 표현 중 알맞은 것에 ○표 하세요.

❶ How (many / much) tickets do you have?

❷ How (many / much) time do you need?

• ticket (영화 등의)
표, 입장권

이게 궁금해요!

how가 쓰이는 의문문

❝Do you live weekend good?이라고 물으면❞ "주말 잘 보내셨어요?"가 아닌가요? Do you live가 사셨어요?, weekend가 주말을, good이 잘 이니까요. 제가 틀린 거예요?

"주말 잘 보내셨어요?"라는 질문을 영어에서는 "주말은 어땠어요?"라고 표현한답니다. 오늘 배운 How is ~?를 쓰면 돼요. 그런데 여기에서는 이미 지나간 주말에 대해서 묻는 거니까 be동사의 과거형인 was를 써서 How was your weekend?라고 물으면 된답니다.

How was **your test?** 시험은 어땠나요?

How was **the movie?** 영화는 어땠나요?

How was your test?

네?

134

1 다음 문장을 읽고 알맞은 말을 골라 ○표 하세요.

(How many / How much) 뒤에는 셀 수 있는 명사가 오고,

(How many / How much) 뒤에는 셀 수 없는 명사가 와요.

2 빈칸에 알맞은 말을 써 안부를 묻는 문장을 완성하세요.

① How _____ you?

② How _____ Christina?

③ _____ _____ your grandma?

④ _____ _____ your brothers?

⑤ _____ _____ your parents?

3 빈칸에 many나 much를 넣어 의문문을 완성하세요.

① How _____ pens do you have?

② How _____ time do you have?

③ How _____ water do you want?

④ How _____ eggs do you need?

⑤ How _____ friends do you have?

4 우리말 해석을 보고 알맞은 형용사를 골라 빈칸에 쓰세요.

old	big	much	fast	tall

① How _____ is the plane? 그 비행기는 얼마나 빨라요?

② How _____ is your dad? 당신의 아버지는 연세가 어떻게 되시나요?

③ How _____ is the house? 그 집은 얼마나 큰가요?

④ How _____ is Kevin? 케빈은 키가 몇인가요?

⑤ How _____ is this book? 이 책은 얼마인가요?

• plane 비행기

의문사 why

왜? 왜? 이유를 물을 땐 why

STEP 1 기초 개념 잡기

지금까지 다섯 가지 의문사를 배웠어요. what(무엇), who(누구), when(언제), where(어디), how(어떻게, 얼마나). 다 기억나죠? 이제 마지막 의문사 **why**를 공부할 거예요. why는 '왜'라는 뜻이에요. "왜 그러지?, 왜 그래?, 이유가 뭔데?"라고 물어볼 때 써요.

'왜'라고 이유를 물어볼 땐 why를 써요.

Think & Write

왜 하늘이 파란지 묻는 문장을 써 보세요.

_____ is the _____ blue?

136

1 '왜'는 why

'왜?, 무엇 때문에 ~해?, 어째서?'처럼 이유를 묻는 질문에는 모두 why를 써요.

A: I am so angry. 저는 정말 화가 나요.

B: Why? 왜요?

2 Why are you ~?, Why is he/she ~?: 왜 (기분이) ~해요?

"화났어요?"는 Are you angry?인데, "왜 화났어요?"라고 물어보려면 문장의 맨 앞에 why를 붙여서 Why are you angry?라고 해요. 주어가 he나 she일 때는 Why is he/she ~?라고 물어봐야 하고요.

Why are you sad? 왜 슬퍼하는 거예요?

Why is he happy? 그는 왜 행복한 거예요?

Why are they late? 그들은 왜 늦는 거예요?

3 Why do/does ~?: 왜 ~을 하나요?

'왜 ~하나요?'라고 물어볼 때도 why를 써요. "왜 팀을 좋아하나요?"는 Why do you like Tim?이라고 하면 돼요. 만약 주어가 he나 she이면 do 대신 does를 써서 Why does he/she ~?라고 물어보면 돼요.

Do you like Kate? 케이트를 좋아하나요?

Why do you like her? 그녀를 왜 좋아하나요?

Does he study Chinese? 그는 중국어를 공부하나요?

Why does he study Chinese? 그는 왜 중국어를 공부하나요?

QUIZ

우리말 해석을 보고 알맞은 be동사를 써 문장을 완성하세요.

1 Why _____ you sleepy? 당신은 왜 졸리나요?

2 Why _____ Paul absent today? 폴이 오늘 왜 결석했나요?

• absent 결석한

4 Why don't you + 동사원형: ~하지 그래요?

Why don't you go there?는 무슨 의미일까요? "왜 거기에 가지 않나요?"라고 이유를 물어보는 걸까요? 아니에요. "거기에 가 보는 게 어때요?"라고 권하는 말이에요. 이처럼 Why don't you 뒤에 동사를 써 주면 친구에게 '~해 보는 게 어때요?'라고 권유하거나 제안하는 말이 된답니다.

Why don't you **try it?** 시도해 보는 게 어때요?

Why don't you **see a doctor?** 병원에 가 보는 게 어때요?

Why don't you **give her a call?** 그녀에게 전화해 보지 그래요?

- give a call
  전화하다

QUIZ

우리말 해석을 보고 알맞은 말을 골라 ○표 하세요.

❶ (Why do / Why don't) you hate tomatoes? 왜 토마토를 싫어하나요?

❷ (Why do / Why don't) you go for a walk? 산책하는 게 어때요?

- go for a walk
  산책하다

이게 궁금해요!

why가 있는 의문문

" 왜 그렇게 싱글벙글 웃고 계신가요? "
이 말은 영어로 뭐라고 하죠? Why do you ~?
아냐, Why are you smile? 뭔가 이상해요!

"지금 왜 웃고 있나요?"라고 질문을 하려면 '~하고 있다'는 현재진행형을 써야 해요. 'be동사 + 동사ing'로 현재진행형을 만들 수 있으니까 "당신은 웃고 있어요."는 You are smiling.이고, "당신은 웃고 있나요?"는 Are you smiling?이에요. "왜 웃고 있나요?"라는 말은 거기에 why를 맨 앞에 붙여서 Why are you smiling?이라고 하면 돼요.

Why is **he** crying? 그는 왜 울고 있나요?

Why are **you** standing **here?** 당신은 여기에 왜 서 있나요?

Why are you smiling?

1 다음 문장을 읽고 빈칸에 알맞은 말을 쓰세요.

'왜'라는 의미로 이유를 묻는 의문사는 _____ 예요.

2 빈칸에 알맞은 의문사와 be동사를 넣어 문장을 완성하세요.

❶ Why _____ he late?   그는 왜 늦나요?

❷ Why _____ you so happy?   당신은 왜 그렇게 행복한가요?

❸ _____ _____ it so funny?   그것이 왜 그렇게 재미있나요?

❹ _____ _____ roses red?   장미는 왜 빨간가요?

3 우리말 해석을 보고 알맞은 말을 골라 빈칸에 쓰세요.

> do   does   did

❶ Why _____ you like me?   저를 왜 좋아하나요?

❷ Why _____ he hate me?   그는 왜 저를 싫어하나요?

❸ Why _____ you study English?   당신은 왜 영어를 공부하나요?

❹ Why _____ she call you?   그녀가 당신에게 왜 전화했나요?

4 우리말 해석을 보고 주어진 단어를 이용하여 문장을 만드세요.

❶ 당신은 왜 화가 났나요? (angry)

_____

❷ 우리는 왜 공부를 하나요? (study)

_____

❸ 왜 그는 싸우나요? (fight)

_____

❹ 병원에 가 보는 게 어때요? (see a doctor)

_____

❺ 제 시간에 오는 게 어때요? (be on time)

_____

- **fight** 싸우다
- **on time** 제 시간에, 정각에

1 우리말 해석을 보고 which와 what 중 알맞은 것을 골라 쓰세요.

1 _____ is your name? 당신의 이름은 뭐예요?

2 _____ way did he go? 그는 어느 쪽 길로 갔어요?

3 _____ movie did you see? 무슨 영화를 봤어요?

4 _____ is her favorite sport? 그녀가 가장 좋아하는 운동은 무엇인가요?

2 빈칸에 who나 whose를 넣어 문장을 바르게 완성하세요.

1 _____ turn is it?

2 _____ lives in this house?

3 _____ umbrella is that?

4 _____ was late for school?

5 _____ is your favorite singer?

3 우리말 해석을 보고 was/do/does/did 중 알맞은 것을 골라 쓰세요.

1 When _____ you study? 당신은 언제 공부하나요?

2 When _____ you buy it? 당신은 언제 그걸 샀나요?

3 When _____ the English test? 영어 시험은 언제였나요?

4 When _____ she draw pictures? 그녀는 언제 그림을 그리나요?

4 우리말 해석을 보고 알맞은 표현을 골라 ○표 하세요.

1 (When / What time) does she leave? 그녀는 몇 시에 떠나나요?

2 (When / What time) do you go to school? 학교는 몇 시에 가나요?

3 (When / What time) is your birthday? 당신의 생일은 언제인가요?

5 우리말 해석을 보고 do / does / did 중 알맞은 것을 골라 쓰세요.

1 Where _____ you live? 당신은 어디에 살아요?

2 Where _____ you get it? 당신은 그거 어디서 났어요?

3 Where _____ they go? 그들은 어디에 갔어요?

4 Where _____ she play tennis? 그녀는 어디에서 테니스를 쳐요?

6 그림을 보고 알맞은 의문사를 넣어 대화를 완성하세요.

1

A: _____ is Andy's birthday?
B: It's March 15th.

2

A: _____ did you eat for lunch?
B: I ate spaghetti.

3

A: _____ did you buy it?
B: I bought it at the store.

4

A: _____ bag is this?
B: It's Lisa's.

7 빈칸에 what / who / when / where 중 알맞은 것을 골라 쓰세요.

1 _____ subject do you like? 무슨 과목을 좋아하나요?

2 _____ do you study English? 언제 영어를 공부하나요?

3 _____ do you usually write your diary? 어디서 주로 일기를 쓰나요?

4 _____ do you read books with? 누구와 책을 같이 읽나요?

8 그림을 보고 의문사 how를 이용해 빈칸에 알맞은 말을 쓰세요.

1

A: _____ _____ is your sister?

B: She is seven years old.

2

A: _____ _____ birds do you have?

B: I have three birds.

3

A: _____ _____ milk did she drink?

B: She drank two cups of milk.

4

A: _____ _____ is your brother?

B: He is 130 centimeters tall.

---

9 우리말 해석을 보고 is/was/are/were 중 알맞은 것을 골라 쓰세요.

1 How _____ your new laptop? 당신의 새 노트북은 어때요?

2 How _____ the comic books? 그 만화책들은 어땠어요?

3 Why _____ they sad? 그들은 왜 슬픈 거예요?

4 Why _____ she angry yesterday? 어제 그녀는 왜 화가 났어요?

---

10 우리말 해석을 보고 do와 don't 중 알맞은 것을 골라 쓰세요.

1 Why _____ you like her? 왜 그녀를 좋아하나요?

2 Why _____ you take a rest? 좀 쉬는 게 어때요?

3 Why _____ you need it? 왜 그게 필요해요?

4 Why _____ you try it again? 다시 시도하는 게 어때요?

PART 5
영문법 탄탄하게 다지기

지금까지 잘 따라왔나요? 드디어 마지막 Part 5에 도착했어요. 지금부터는 전치사, 비교급, 최상급, 그리고 동명사와 to부정사까지 공부하게 될 거예요. 마지막까지 차근차근 잘 따라오세요.

시간 전치사

똑딱똑딱! 시간을 알려 주는 전치사

오늘은 시간을 알려 주는 전치사들을 공부해 보기로 해요. **시간을 알려 주는 전치사**에는 **at, on, in** 등
이 있어요. 이것들 뒤에는 시간, 날짜, 요일, 월, 계절 등의 시간을 나타내는 말이 와요. 뒤에 어떤 종류
의 시간이 오느냐에 따라서 at, on, in을 골라 써야 해요.

시간을 나타낼 땐 시간 전치사를 적절히 써야 해요.

Think & Write

평소 몇 시에 일어나는지 at을 사용해서 문장을 만들어 보세요.

I wake up _____.
(일어나는 시간)

144

1 '몇 시 몇 분'은 at

전치사는 명사나 대명사 앞에서 시간, 장소, 방향 등을 알려 줘요. '몇 시 몇 분' 처럼 특정한 시간을 나타낼 때는 시간 앞에 at을 써요.

Turn off the TV at 10. 10시엔 TV를 꺼.

See you at 3 o'clock. 3시 정각에 보자.

I get up at 7:30. 저는 7시 30분에 일어나요.

· turn off ~을 끄다

2 '어떤 날'은 on

'월요일에, 토요일에'처럼 시간이 아닌 요일을 나타낼 때는 on을 써요. 그리고 '크리스마스에, 추수감사절에'처럼 '어떤 특정한 날에'를 말할 때도 on을 쓰면 돼요.

See you on Monday. 월요일에 보자.

I met Tony on Christmas Day. 저는 크리스마스에 토니를 만났어요.

Americans eat turkey on Thanksgiving Day.
미국인들은 추수감사절에 칠면조를 먹어요.

· **American** 미국인, 미국의
· **turkey** 칠면조
· **Thanksgiving Day** 추수감사절

3 '몇 월, 몇 년, 계절'은 in

in은 하루가 아니라 '몇 월, 몇 년, 계절' 등을 나타낼 때 쓰면 돼요. '여름에, 4월에, 2023년에'를 말할 때도 모두 그 앞에 in을 쓴답니다.

See you in summer. 여름에 보자.

I go to Germany in April. 저는 4월에 독일에 가요.

I was in Seoul in 2023. 저는 2023년에 서울에 있었어요.

QUIZ

알맞은 전치사를 골라 ○표 하세요.

① The movie will start (at / in) 4 o'clock.

② I don't have classes (at / on) Saturday.

4 before와 after ~ 전에, ~ 후에

"저녁 먹기 전에 손을 씻어라."라는 말은 어떻게 할까요? '~ 전에'를 표현할 때는 before를 써요. before dinner(저녁 먹기 전에)처럼 before 뒤에 '때'를 써 주면 돼요. 그리고 '~ 후에'라고 말할 때는 after를 써요. after 역시 after lunch(점심 먹은 후에)처럼 그 뒤에 '때'를 써 주면 된답니다.

Come home before 6. 6시 전에 집에 오너라.

What do you do after school? 학교 끝나고 무엇을 하나요?

Wash your hands before lunch.
점심 먹기 전에 손 씻어라.

Wash your hands
before lunch.

QUIZ

우리말 해석을 보고 빈칸에 알맞은 말을 쓰세요.

① Henry went to school _____ breakfast.

헨리는 아침 식사 후에 학교에 갔어요.

② Mia does her homework _____ dinner.

미아는 저녁 식사 전에 그녀의 숙제를 해요.

이게 궁금해요!

오전, 오후, 저녁을 나타내는 전치사 in

" 친구에게 "아침에 보자."라는 말을 영어로 하고 싶은데 '아침에'는 뭐라고 해야 하죠? 하루가 아니니까 on도 아닐 것 같고, 그렇다고 '몇 시'도 아니니까 at도 아닐 것 같고. 이럴 땐 어떤 말로 표현하나요? "

'아침에'라는 말은 하나의 표현으로 굳어져 있어요. 그러니까 고민하지 말고 그냥 한 단어처럼 외워 볼까요? '아침에'는 in the morning이라고 하고 '오후에'는 in the afternoon, '저녁에'는 in the evening이라고 한답니다. 표현 모두 아침, 점심, 저녁 앞에 the가 들어간다는 걸 잊지 마세요!

in the → morning / afternoon / evening

I will see you in the morning. 아침에 만나요.

모두 in the가 앞에 오는군!

1 다음 문장을 읽고 빈칸에 알맞은 말을 쓰세요.

시간을 알려주는

ㅈ	ㅊ	ㅅ

에는 at, on, in 등이 있어요.

2 다음 문장을 읽고 알맞은 전치사를 골라 ○표 하세요.

❶ I get up (on / at) 7 o'clock.

❷ See you (in / on) Friday.

❸ James came home (in / at) 9 o'clock.

❹ Let's meet (in / on) Christmas.

❺ I was born (in / at) 2015.

❻ They go to France (in / on) September.

3 다음 문장을 읽고 at, on, in 중 알맞은 전치사를 골라 문장을 완성하세요.

❶ I go to bed _____ 10 o'clock.

❷ We go skiing _____ winter.

❸ Wake me up _____ 7.

❹ I met David _____ March.

❺ Alice eats dinner _____ 6.

❻ Let's go to the movies _____ Saturday.

4 우리말 해석을 보고 빈칸에 before나 after를 쓰세요.

❶ Go to bed _____ 10. 10시 전에 자거라.

❷ Brush your teeth _____ dinner. 저녁 먹고 나서 양치하거라.

❸ We have to go there _____ 8. 우리는 8시 전에 그곳에 가야 해요.

❹ Ann drank water _____ her shower. 앤은 샤워 후에 물을 마셨어요.

❺ Let's hang out together _____ school. 학교 끝나고 함께 놀자.

· **hang out**
시간을 보내다,
어울리다

UNIT 31 장소 전치사
위치를 알려 주는 장소 전치사

이번에는 **장소를 나타내는 전치사**를 배울 거예요. 사실 시간이나 장소를 나타내는 전치사 중에는 똑같은 것들이 많아요. 그럼 이 둘을 어떻게 구별하냐고요? 그 뒤에 장소가 나오는지, 시간이 나오는지를 살펴보면 돼요. in 뒤에 연도가 나오면 '~년에'라는 시간 전치사이지만 장소가 나오면 '~ 안에, ~ 속에'라는 뜻의 장소 전치사랍니다.

Think & Write

책상 위에 어떤 물건이 있는지 on을 사용해서 문장을 만들어 보세요.

My ＿＿＿＿＿＿＿ is ＿＿＿＿＿ the desk.
（물건）

148

1 안에 있을 때 in

'~ 안에, ~ 속에' 있다는 걸 나타낼 때는 in을 써요. '방 안, 상자 속, 차 안' 등 무언가 안에 있음을 나타낼 때는 in을 쓴답니다.

Sally is in the kitchen. 샐리는 부엌에 있어요.

Your coat is in the closet. 당신의 코트는 옷장 안에 있어요.

The cat is in the box. 고양이가 상자 안에 있어요.

· kitchen 부엌

· closet 벽장

2 위에 닿아있을 때 on

'~ 위에' 있다고 말할 때는 on을 쓰면 돼요. "바닥에 앉다."라는 말도 정확히 표현하면 '바닥 위에' 앉는 거니까 on the floor라고 해야 한답니다.

Don't sit on the floor. 바닥에 앉지 마라.

Don't jump on the bed. 침대 위에서 뛰지 마라.

The cat is on the chair. 고양이가 의자 위에 있어요.

· floor 바닥, 층

TIP floor는 '몇 층에 있다'라고 말할 때도 써요.

The bank is on the second floor.
(은행은 2층에 있어요.)

3 아래에 있을 때 under

'~ 아래에, ~ 밑에' 있다는 걸 말할 때는 under를 써요.

Don't look under the bed. 침대 밑을 쳐다보지 마라.

The cat is under the chair. 고양이가 의자 밑에 있어요.

A mermaid lives under the sea. 인어는 바다 밑에 살아요.

· mermaid 인어

· sea 바다

QUIZ

우리말 해석을 보고 빈칸에 알맞은 전치사를 쓰세요.

1 I have some coins _____ my pocket.

제 주머니 안에 동전 몇 개가 있어요.

2 Look _____ the table. 테이블 아래를 봐.

4 앞에, 옆에, 뒤에

장소나 위치가 '위에, 안에, 아래에'만 있는 건 아니에요. 뭔가의 옆에 있을 수도 있고, 앞 또는 뒤에 있을 수도 있으니까요. 그럴 땐 어떤 장소 전치사를 쓰는지 알아볼까요? '~의 앞에'라고 말할 때는 in front of, '~ 옆에'는 next to, '~ 뒤에'는 behind를 쓴답니다.

Mary sits next to me.
메리는 제 옆에 앉아요.

Tom sits in front of me.
톰은 제 앞에 앉아요.

Danny sits behind me.
대니는 제 뒤에 앉아요.

우리말 해석을 보고 빈칸에 알맞은 전치사를 쓰세요.

❶ He is standing ＿＿＿＿＿＿ me. 그는 제 앞에 서 있어요.

❷ Coco is sleeping ＿＿＿＿＿＿ me. 코코는 제 옆에서 자고 있어요.

이게 궁금해요!

전치사 on과 over

❝ on이 '~ 위에'라는 뜻이잖아요. 그러니까 ❞
친구의 머리 위에 벌이 날아다닐 때
The bee is on your head.라고 말하면 되나요?

'~ 위에'라고 하는 경우에는 두 가지 상황이 있어요. '어떤 물건 바로 위에 놓여 있을 때'와 '좀 떨어진 위에 있을 때'예요. '~ 위에 바로 붙어서' 있을 때는 on을 쓰는 게 맞지만 좀 떨어져 있을 때는 on 대신 over를 써야 해요. 둘 다 우리말로는 '~ 위에'이지만 영어에서는 조금 달라요. The bee is over your head. 혹은 The bee is flying over your head. 라고 말한답니다.

The bee is over your head. 벌이 머리 위에 있어요.

The bee is over your head!

1 다음 문장을 읽고 빈칸에 알맞은 말을 쓰세요.

위치를 나타내는 전치사 중 on은 '~ 위에', in은 '~ 안에', _____ 는 '~ 아래에' 라는 뜻이에요.

2 다음 문장을 읽고 알맞은 전치사를 골라 ○표 하세요.

❶ A picture is (on / in) the wall. 그림이 벽에 걸려 있어요.

❷ The ball is (under / in) the chair. 그 공은 의자 아래에 있어요.

❸ They are (in / on) the music room. 그들은 음악실 안에 있어요.

❹ I have a card (in / under) my pocket. 저는 주머니 안에 카드가 있어요.

❺ My apartment is (on / in) the second floor. 제 아파트는 2층이에요.

• apartment
  아파트

3 우리말 해석을 보고 빈칸에 알맞은 전치사를 골라 쓰세요.

in front of   under   next to   in   behind

❶ We sat _____ the tree. 우리는 나무 밑에 앉았어요.

❷ The bank is _____ the library. 은행은 도서관 옆에 있어요.

❸ The cookies are _____ the jar. 쿠키가 단지 안에 있어요.

❹ I see something _____ the curtain. 커튼 뒤에 뭔가가 보여요.

❺ She sang a song _____ everyone. 그녀는 모두 앞에서 노래를 불렀어요.

• jar 단지
• curtain 커튼

4 다음 그림을 보고 알맞은 전치사를 쓰세요.

❶ The clock is _____ the lamp.

❷ The fish is _____ the fish bowl.

❸ The dog is _____ the sofa.

❹ The ball is _____ the table.

• fish bowl 어항

STEP 1 기초 개념 잡기

"준비물은 침대 옆에 있어요. 축구공은 현관에 있어요."처럼 어디에 '~가 있어요'라는 말은 영어로 **There is**나 **There are**를 써서 표현해요. be동사를 보면 두 개가 어떻게 다른지 알겠죠? 어떤 물건이 하나만 있으면 There is를, 여러 개가 있으면 There are를 써요.

물건이 어디에 있는지는 There is와 There are를 써서 말해요!

Think & Write

방 안에 어떤 물건이 있는지 There is를 사용해서 문장을 만들어 보세요.

1 There is + 단수 명사 + 어디: 무엇이 어디에 있어요

'~가 있다'라고 할 때는 There is ~로 문장을 시작하고, 그 뒤에 무엇이 있는지 쓰면 돼요. be동사 is가 오면 뒤에는 단수 명사를 써요. 만일 무엇이, 어디에 있는지 위치를 말하고 싶을 때는 맨 마지막에 장소 전치사를 써서 위치를 나타내요.

There is **a picture on the table.** 탁자 위에 사진이 있어요.

There is **a puppy under the chair.** 의자 밑에 강아지가 있어요.

There is **a bank near here.** 여기 근처에 은행이 하나 있어요.

2 There are + 복수 명사 + 어디: 무엇들이 어디에 있어요

하나가 아니라 여러 개가 있어서 '~들이 있어요'라고 말할 때는 There are ~로 말해요. be동사 are가 오면 뒤에 복수 명사를 써요.

There are **three rooms in my house.** 저희 집에는 방 세 개가 있어요.

There are **many cookies in the kitchen.** 부엌에 쿠키가 많이 있어요.

There are **five girls in the gym.** 체육관에 여자아이 다섯 명이 있어요.

• gym 체육관

3 Is/Are there ~?: ~가 있나요?

'~가 있나요?'라고 물어볼 때는 용감한 be동사가 앞으로 나와요. 그래서 Is there ~? 혹은 Are there ~?로 물어보면 된답니다.

Is there **a towel in the bathroom?** 화장실에 수건이 있나요?

Is there **a drugstore around here?** 이 근처에 약국이 있나요?

Are there **many people in the shopping mall?**
쇼핑몰 안에 많은 사람들이 있나요?

• towel 수건
• bathroom 화장실, 욕실
• drugstore 약국
• around here 근처에

QUIZ

괄호 안의 표현 중 알맞은 것에 ○표 하세요.

1 There (is / are) a park near my school.

2 (Are / Is) there two puppies in your house?

---

4 There is/are no ~ : ~가 없다

그럼 '~가 없어요'로 말하려면 어떻게 해야 할까요? 먼저 '셀 수 없는 것'이 없다고 할 때는 There is no ~라고 해요. 이 뒤에 셀 수 없는 것을 쓰고요. '셀 수 있는 것'이 없다고 말할 땐 There is no ~와 There are no ~를 둘 다 쓸 수 있어요. There is no 뒤에 단수 명사를, There are no 뒤에는 복수 명사를 쓰면 돼요.

셀 수 없는 것

There is **no time.** 시간이 없어요.

There is **no water.** 물이 없어요.

셀 수 있는 것

There is **no <u>cat</u>.** 고양이가 없어요. (단수 명사)

There are **no <u>cats</u>.** 고양이가 한 마리도 없어요. (복수 명사)

There is **no <u>pencil</u>.** 연필이 없어요. (단수 명사)

There are **no <u>pencils</u>.** 연필이 한 자루도 없어요. (복수 명사)

QUIZ

다음 문장들이 '~이 없어요'라는 의미가 되도록 빈칸에 알맞은 말을 쓰세요.

1 There _____ milk in the fridge.

2 There _____ clouds in the sky.

• fridge 냉장고

이게 궁금해요!

현재 위치를 묻는 there

" 저번에 리사한테 전화를 걸었는데, 다른 사람이 받아서 놀랐어요. 그때 "리사 있어요?"라고 물어보려면 "Is there Lisa?"라고 하면 되죠? "

전화를 걸어 친구가 아닌 다른 사람이 받을 때, "리사 좀 바꿔 주시겠어요?"라고 하고 싶다면 주로 Can I speak to Lisa, please?라고 해요. 친한 친구네 집이라면 "리사 있어요?"라고 묻겠지요. 지금 그 장소에 리사가 있는지를 물을 때는 Is Lisa there? 라고 표현해요. 집에 있냐고 물을 땐 there 대신 home을 붙이면 돼요.

Is Jiho there? 지호 있어요?

Is Mina home? 미나가 집에 있나요?

Is Mina home?

1 다음 문장을 읽고 알맞은 말을 골라 ○표 하세요.

There is 뒤에는 (단수 명사 / 복수 명사)가 오고, There are 뒤에는
(단수 명사 / 복수 명사)가 와요.

2 다음 문장을 읽고 알맞은 be동사를 골라 ○표 하세요.

① There (is / are) a chair in my room.

② There (is / are) four people in my family.

③ There (is / are) a lot of cars on the street.

④ There (is / are) a bus stop in front of the bank.

• street 거리

3 다음 빈칸에 Is there이나 Are there을 넣어 의문문으로 만드세요.

① _____ a pond in the park?

② _____ a bench under the tree?

③ _____ two girls in the playground?

④ _____ four tomatoes in the basket?

• pond 연못
• playground 놀이터

4 빈칸에 There is no나 There are no를 넣어 문장을 완성하세요.

① _____ pictures on the wall. 벽에 사진이 하나도 없어요.

② _____ water in the glass. 유리잔에 물이 없어요.

③ _____ cups on the table. 탁자에 컵이 하나도 없어요.

④ _____ money in my wallet. 지갑에 돈이 없어요.

• glass 유리잔

5 우리말 해석을 보고 주어진 단어를 알맞게 배열하세요.

상자 안에 공이 다섯 개 있나요? (five / in the box / balls / there / Are / ?)

_____

명령문

상대방에게 무엇을 시킬 때 쓰는 명령문!

누구에게 '~해라, ~하지 마라'고 말하는 걸 **명령문**이라고 해요. 영어에서 '~해라'라고 명령문을 만드는
건 아주 쉽답니다. 주어를 쓰지 않고 그냥 동사원형을 맨 앞에 써 주면 돼요. 대개 바로 내 앞에 있는
'너(you)'에게 말하는 것이기 때문에 주어를 안 쓰고 생략하는 거예요.

앉아! 손! 명령문 때문에 힘든 건 흰둥이네요!

Think & Write

내가 가장 많이 듣는 명령문을 써 보세요.

1 이거 해라, 저거 해라: 동사원형

"이거 해, 저거 해."라고 명령할 때는 주어 없이 문장 맨 앞에 동사원형을 써요.
명령문은 보통 바로 앞에 있는 '니(you)'에게 말하는 거니까 주어를 쓰지 않아요.

Stand up. 일어나.   **Sit down.** 앉아.

Open the door. 문 열어.   **Close the window.** 창문 닫아.

2 이거 하지 마라, 저거 하지 마라: Don't + 동사원형

'~하지 마'라고 말하려면 동사원형 앞에 Don't를 넣어 주면 돼요.

Don't go. 가지 마.

Don't cry. 울지 마.

Don't worry. 걱정하지 마.

Don't run in the classroom. 교실에서 뛰지 마.

Don't run in the classroom.

• **worry** 걱정하다

3 이거 하자, 저거 하자: Let's + 동사원형

다른 사람에게 시키지 않고 같이 '~하자'라고 말할 때는 Let's를 써요. Let's는
Let us '우리에게 ~하라고 시켜라' 즉, '우리 ~하자'를 줄인 거예요. Let's 뒤에
동사원형을 쓰면 친구한테 뭐든지 같이 '~하자'고 말할 수 있어요.

Let's go to school. 학교 가자.

Let's watch TV. TV 보자.

Let's have spaghetti for lunch. 점심으로 스파게티 먹자.

QUIZ

우리말 해석을 보고 빈칸에 알맞은 말을 쓰세요.

1 _____ watch TV. TV 보지 마.

2 _____ go swimming on Saturday. 토요일에 수영하러 가자.

4 Don't worry! Be happy!

그렇다면 "행복해라."라는 말은 어떻게 할까요? "당신은 행복해요."는 You are happy. 예요. 우선 명령문을 만들기 위해 주어 You를 없애요. 그러면 are happy 만 남죠. 이때 are를 원형 be로 바꿔 Be happy. 라고 하면 "행복해라."라는 뜻이 된답니다. 이렇게 Be와 여러 가지 형용사를 이용해서 명령문을 만들 수 있어요.

Be happy. 행복해라.

Be good. 착하게 굴어라.

Be careful. 조심해라.

Be nice to your sister. 네 여동생에게 잘해라.

Be careful.
It's hot.

이게 궁금해요!

be동사 부정 명령문

> 생각보다 명령문 만드는 게 쉬운 거 같아요. 그럼, "슬퍼하지 마."는 어떻게 말해요? '당신은 슬프지 않아요.'가 You are not sad.니까 주어인 you를 빼면 Be not sad.인가요?

'~하지 마'라는 말은 Don't를 맨 앞에 붙여 주면 되죠? Be로 시작하는 문장도 마찬가지예요. '~하지 마'라는 말을 하려면 Don't be ~로 시작하면 된답니다. 그럼 "슬퍼하지 마."는 영어로 어떻게 표현할까요? 맞아요. Don't를 맨 앞으로 보내서 Don't be sad. 라고 하면 돼요.

Don't be sad. 슬퍼하지 마.

Don't be shy. 부끄러워하지 마.

Don't be shy!
You can do it!

1 다음 문장을 읽고 빈칸에 알맞은 말을 쓰세요.

어떤 일을 하라고 시킬 때 사용하는 명령문은 | ㄷ | ㅅ | ㅇ | ㅎ | 으로 시작해요.

2 다음 문장을 읽고 알맞은 말을 골라 ○표 하세요.

① (Come / Comes) here. 여기로 와.

② (Follows / Follow) me. 나를 따라와.

③ (Go / Goes) to bed early. 일찍 자거라.

④ (Washes / Wash) your hands. 손 씻어라.

⑤ (Don't make / Don't makes) a noise. 시끄럽게 굴지 마.

* follow 따라오다
* make a noise 시끄럽게 하다

3 우리말 해석을 보고 빈칸에 알맞은 말을 골라 쓰세요.

Don't   Let's   Be   Do

① _____ strong. 강해져라.

② _____ make a mistake. 실수하지 마.

③ _____ use bad words. 나쁜 말 하지 마.

④ _____ go to the movies. 영화 보러 가자.

⑤ _____ your homework. 숙제해라.

⑥ _____ kind to your friends. 친구들에게 친절해라.

* strong 강한
* mistake 실수

4 우리말 해석을 보고 주어진 단어를 알맞게 배열하세요.

① 5시에 만나자. (meet / at / Let's / 5 o'clock /.)

_____

② 그것에 대해 잊지마. (forget / about / . / Don't / it)

* forget 잊다

UNIT 34 비교급
비교할 때는 -er이나 more!

'비교'하는 게 뭔지는 알고 있죠? 친구들끼리 누구 키가 '더 큰지' 재 보기도 하고, 달리기를 하면서 자기가 '더 빠르다'고 자랑하기도 할 테니까요. 이렇게 무엇이 '더 ~하다'라고 비교하여 말할 때 **비교급** 표현을 써요. 우리말에서는 '더'를 붙이면 되는데, 영어에서는 형용사 뒤에 '-er'을 붙이면 된답니다.

형용사에 -er을 붙이면 비교급을 만들 수 있어요!

Think & Write

나보다 키가 큰 사람을 떠올리며 비교급 문장을 완성해 보세요.

_____ is tall_____ than me.
(사람 이름)

160

1 형용사 + -er : 더 ~한

어떤 모습이나 형태를 설명하는 말은 형용사예요. 이 말을 '더 ~하다'라고 비교하는 말로 바꾸려면 뒤에 -er을 붙여 주면 돼요. 예를 들어 kind(친절한)에 -er을 붙이면 kinder(더 친절한)가 돼요. 만일 -e로 끝나는 단어가 있다면 어떻게 비교급으로 만들까요? 그냥 -r만 붙여요. wise(현명한)는 wiser(더 현명한)가 되는 거예요.

Your room is small. My room is smaller.
방이 작군요. 제 방은 더 작아요.

2 형용사 + -er than : ~보다 더 ~한

'~보다 더 어떠하다'라는 걸 나타낼 때는 than을 같이 써요. 예를 들어 My sister is cuter.라고 하면 "제 여동생이 더 귀여워요."라는 뜻이지만 누구보다 더 귀여운지 알 수 없어요. 그래서 '(무엇이나 누구)보다'라는 비교의 뜻을 나타내는 than을 같이 쓴답니다.

I am older than you. 제가 당신보다 나이가 더 많아요.

I am taller than my sister. 저는 우리 언니보다 키가 커요.

3 단어가 길면 more

단어가 길 경우에는 단어 뒤에 -er을 붙이지 않아요. 단어 앞에 more를 써서 비교급을 만들어요. more를 쓰는 형용사에는 beautiful(아름다운), difficult(어려운), expensive(비싼), exciting(신나는), interesting(흥미로운) 등이 있어요.

This watch is expensive. 이 시계는 비싸요.

That watch is more expensive. 저 시계는 더 비싸요.

QUIZ

우리말 해석을 보고 알맞은 말을 골라 ○표 하세요.

1 I am (smart / smarter) than you. 저는 당신보다 더 똑똑해요.

2 Peter is (older / taller) than me. 피터는 저보다 나이가 더 많아요.

4 규칙을 따르지 않는 비교급 형용사들

'더 ~한'이라고 쓰려면 단어 뒤에 -er을 붙이거나, 단어 앞에 more를 쓰면 돼요! 그런데 여기에 그 어떤 규칙도 따르지 않는 단어들이 있어요. 이런 단어들은 비교급의 형태가 완전히 바뀐답니다. 다음 형용사들의 비교급은 아래의 표를 보고 잘 익혀 두세요.

원급	비교급
good 좋은	better 더 좋은
bad 나쁜	worse 더 나쁜
many (수가) 많은	more 더 많은
much (양이) 많은	more 더 많은
little 덜, 적은	less 더 적은

- **feel bad** 상심하다
- **get worse** 상태가 더 나빠지다

TIP many는 뒤에 '셀 수 있는 명사'가 오고 much는 뒤에 '셀 수 없는 명사'가 와요!

You're good. 잘 하네요.

You're better **than me.** 저보다 낫네요.

Don't feel bad. 상심하지 마.

This is getting worse. 점점 더 나빠지네요.

QUIZ

다음 괄호 안의 표현 중 알맞은 것을 골라 ○표 하세요.

❶ I feel (better / gooder) today.

❷ The weather got (badder / worse) during the day.

이게 궁금해요!

비교급 만드는 방법

❝ '더 행복한'이라고 말하고 싶어서 happy에 -er을 붙여 happyer라고 했더니 친구가 틀렸다고 말했어요. 형용사에 -er을 붙였는데 왜 틀린 건가요? ❞

비교급은 보통 형용사 뒤에 -er을 붙이지만, happy처럼 -y로 끝날 때는 y를 i로 고치고 -er을 붙여야 해요! 그래서 '더 행복한'은 happier가 된답니다. 하나 더! 단어가 '단모음+단자음'으로 끝나는 경우는 마지막 자음을 한 번 더 써 줘야 해요.

pretty 예쁜 ➡ **pretti**er 더 예쁜   **heavy** 무거운 ➡ **heavi**er 더 무거운

hot 뜨거운 ➡ **hot**ter 더 뜨거운   **big** 큰 ➡ **big**ger 더 큰

1 다음 문장을 읽고 빈칸에 알맞은 말을 쓰세요.

두 대상을 비교해서 '~보다 더 어떠하다'라는 뜻의 비교급 문장을 만들 때는
뒤에 보통 -er을 붙인 후에 than을 같이 써서 표현해요.

2 다음 형용사의 비교급을 쓰세요.

① small ➡ _____ ② tall ➡ _____

③ kind ➡ _____ ④ wise ➡ _____

⑤ cute ➡ _____ ⑥ long ➡ _____

3 다음 문장을 읽고 알맞은 말을 골라 ○표 하세요.

① My grade is (good / better) than last year.

② You're (more beautiful / beautifuler) than a rose.

③ I feel (bad / worse) than yesterday.

④ Pizza is (deliciouser / more delicious) than steak.

⑤ He spends (less / littler) time on social media now.

⑥ How (much / many) water do you drink?

· **get better**
  상태가 더 좋아지다

· **last year** 작년

· **social media**
  소셜 미디어 (개인의
  생각이나 경험을 서로
  공유하고 관계를 맺는
  온라인 플랫폼)

4 우리말 해석을 보고 빈칸에 알맞은 형용사를 골라 비교급으로 쓰세요.

expensive   short   old   fast   interesting

① He is _____ than my brother. 그는 우리 형보다 키가 더 작아요.

② Pizza is _____ than spaghetti. 피자가 스파게티보다 더 비싸요.

③ Airplanes are _____ than trains. 비행기가 기차보다 빨라요.

④ I'm three years _____ than Lucy. 저는 루시보다 세 살 더 많아요.

⑤ The book is _____ _____ than the movie.
책이 영화보다 더 재미있어요.

UNIT 35 최상급
최고라고 말할 땐 the + -est 또는 most로!

영어에서 '제일, 최고'라고 말할 때는 형용사 뒤에 -est를 붙여 주면 되고, 이를 **최상급**이라고 해요. 예를 들어 '제일 크다'라고 하려면 '크다'라는 뜻의 tall에 -est를 붙여서 tallest로 만들면 돼요. 그런데 잊지 말아야 할 것이 있어요. 항상 최상급 앞에 the를 붙여야 한다는 것! 최고인 것은 딱 하나이고, 정해져 있기 때문이랍니다.

최상급을 사용하면 가장 크다고 표현할 수 있어요!

Think & Write

다음 문장을 최상급으로 만들어 보세요.

Mt. Everest is _____ high_____ mountain in the world.
에베레스트산이 세계에서 가장 높아요.

164

1 the + 형용사 + -est: 최고로 ~한

'제일, 최고로 ~한'이라고 말하려면 형용사 앞에 the를 붙이고 형용사 뒤에 -est 를 붙여 주면 돼요. 이렇게 최고라고 말하는 것을 '최상급'이라고 하는데요. 만일 cute처럼 -e로 끝나는 단어라면 뒤에 -st만 붙이면 된답니다.

I am the youngest. 제가 가장 어려요.

My puppy is the cutest. 제 강아지가 제일 귀여워요.

My teacher is the kindest. 우리 선생님이 제일 친절해요.

2 -est를 붙일 때 주의할 단어들

pretty처럼 -y로 끝나는 단어를 최상급으로 만들 때 y는 i로 바꾸고 -est를 붙여요. 그리고 단모음 뒤에 자음이 바로 올 경우에는 자음을 한 번 더 쓰고 -est를 붙여야 해요.

She is the prettiest **girl.** 그녀는 (세상에서) 제일 예쁜 소녀예요.

You're the luckiest **guy.** 당신은 제일 운이 좋은 남자예요.

August is the hottest **month in Korea.** 한국에서는 8월이 가장 더워요.

3 단어가 길면 the most

비교급에서 단어가 길 경우에 -er 대신 more를 단어 앞에 쓰는 것처럼, 최상급에서도 '제일 ~한'이라고 표현할 때 형용사 앞에 the most를 써요.

I am the most beautiful **in the world.** 저는 세상에서 제일 아름다워요.

You are the most important **person.** 당신은 제일 중요한 사람이에요.

He is the most popular **singer.** 그는 제일 인기 있는 가수예요.

• **important** 중요한
• **popular** 인기 있는

QUIZ

다음 괄호 안의 표현 중 알맞은 것을 골라 ○표 하세요.

1 He is the (funnyest / funniest) boy.

2 This is the (difficultest / most difficult) question.

④ 규칙을 따르지 않는 최상급 형용사들

비교급을 만들 때 규칙도 따르지 않고, 단어 자체가 바뀌는 형용사들 기억나나요? good은 better로, bad는 worse로 바뀌었지요. 이 형용사들은 '제일 ~한'이라고 최상급을 만들 때도 그 모양이 완전히 바뀌어요. good이 '가장 좋은'이 될 때는 the best가 되고, bad가 '가장 나쁜'이 될 때는 the worst가 돼요.

원급	비교급	최상급
good 좋은	better 더 좋은	the best 가장 좋은
bad 나쁜	worse 더 나쁜	the worst 가장 나쁜
much / many 많은	more 더 많은	the most 가장 많은
little 덜, 적은	less 더 적은	the least 가장 적은

You're the best! 네가 최고야!

It's the worst **day.** 최악의 하루예요.

QUIZ

다음 괄호 안의 표현 중 알맞은 것을 골라 ○표 하세요.

1 She is the (good / best) friend. 그녀는 최고의 친구예요.

2 I got the (bad / worst) score. 저는 가장 나쁜 점수를 받았어요.

이게 궁금해요!

the가 빠지는 최상급

❝친구에게 '넌 나의 최고의 친구'라고 말하고 싶어서❞
You are my the best friend.라고 하니 틀렸대요.
'나의'는 my고, '최고의'는 the best니까 맞지 않나요?

가장 친한 친구는 한 명이니까 the를 쓰겠죠. 하지만 여기서 내 친구라고 표현하면 앞에 my가 붙고 the는 쓰지 않아요. 그래서 You are my best friend.라고 표현해요. 또 최상급은 한정된 집단에서 최고인 하나이므로 뒤에 in이나 of 같은 전치사를 사용해서 특정 그룹이나 시간을 나타내는 경우가 많아요.

You are my best **friend** in our class. 너는 우리 반에서 내 최고의 친구야.

I am the best **dressed** of this year. 저는 올해 옷을 가장 잘 입는 사람이에요.

I am the best dressed of this year.

1 다음 문장을 읽고 알맞은 것을 골라 ○표 하세요.

'가장 ~한'이라는 뜻의 최상급은 보통 형용사 앞에 the를 붙이고 형용사 뒤에

(-est / -er)을(를) 붙여서 표현해요.

2 다음 형용사를 최상급으로 쓰세요.

① short   ➡ the _____

② lucky   ➡ the _____

③ famous ➡ the _____

④ big   ➡ the _____

⑤ long   ➡ the _____

3 괄호 안의 형용사를 최상급으로 만들어 문장을 다시 쓰세요.

① She is _____ _____ in her class. (tall)

② China is _____ country in Aisa. (large)

③ This is _____ question. (easy)

④ She was _____ teacher of all. (nice)

⑤ Daegu is _____ city in Korea. (hot)

4 우리말 해석을 보고 빈칸에 알맞은 말을 골라 ○표 하세요.

① She is the (good / best) doctor. 그녀는 최고의 의사예요.

• among ~ 중에

② This is the (worse / worst) restaurant ever. 여기는 최악의 식당이에요.

③ I love you the (most / more). 저는 당신을 제일 사랑해요.

④ He speaks the (less / least) among the students.
그는 학생들 중에서 가장 적게 말해요.

UNIT 36 접속사
말과 말을 연결해 주는 접속사

우리는 '그리고, 그런데, 아니면' 이런 말들을 자주 쓰는데, 이런 연결고리를 **접속사**라고 해요. 영어에서도 연결고리가 있어요. and, but, or 등이에요. 단어와 단어, 문장과 문장을 연결하는 and, 앞과 뒤의 내용이 서로 반대일 때 쓰는 but, 두 개 중의 하나를 고를 때 쓰는 or에 대해 지금부터 알아봐요.

Think & Write

내가 알고 있는 접속사 두 개를 써 보세요.

168

1 단어와 단어를 연결하는 and

두 개의 단어가 나란히 와서 둘을 'A와 B'로 연결시켜 줄 때 and를 써요. 이때 이어 주는 단어들은 서로 비슷한 성격의 단어들일 때 연결할 수 있어요.

Tom and Jerry 톰과 제리 (이름과 이름)

milk and cookies 우유와 쿠키 (음식과 음식)

tall and strong 키가 크고 힘이 센 (형용사와 형용사)

sing and dance 노래하고 춤추다 (동사와 동사)

2 문장과 문장을 연결하는 and

and로 문장과 문장을 연결할 수도 있어요.

The door opened, and he came in. 문이 열렸고 그가 들어왔다.

Kids, get up and eat. 얘들아, 일어나서 밥 먹으렴.

He is a pianist, and she is a violinist.
그는 피아니스트이고, 그녀는 바이올리니스트예요.

3 '그러나, 하지만'의 but

but은 앞 문장과 뒤 문장이 반대되는 내용일 때 써요. '그러나, 그런데, 하지만'으로 해석해 주면 돼요.

I am sorry, but I can't go. 미안하지만, 난 못 가요.

She was sad, but she didn't cry. 그녀는 슬펐지만, 울지 않았어요.

I went home early, but nobody was there.
집에 일찍 갔지만, 아무도 없었어요.

• nobody
  아무도 ~않다

QUIZ

우리말 해석을 보고 빈칸에 알맞은 접속사를 쓰세요.

1 Jack _____ Jill are my good friends.
잭과 질은 내 좋은 친구들이에요.

2 I like grapes, _____ she doesn't like them.
저는 포도를 좋아하지만, 그녀는 싫어해요.

4 이것 아니면 저것은 or

중국 요리를 시킬 때마다 자장면을 시킬까, 짬뽕을 시킬까 고민되죠? 이렇게 '이 것 아니면 저것'이라고 말하거나, 두 개 중에서 하나를 고를 때는 or를 쓰면 돼 요. 해석은 '이것 아니면 저것'이라고 한답니다. 둘 중 하나를 고르는 것이기 때 문에 or를 넣어 물어볼 때는 두 개 다 선택할 수 없어요.

Answer yes or no. '예'나 '아니오'로 대답하세요.

I want a pen or a pencil. 저는 펜이나 연필을 원해요.

Do you like summer or winter? 여름이 좋아요, 아니면 겨울이 좋아요?

• **answer** 대답하다

QUIZ

우리말 해석을 보고 빈칸에 알맞은 접속사를 쓰세요.

① Do you like milk _____ juice?

우유가 좋아요, 아니면 주스가 좋아요?

② I want a hamburger _____ soda.

햄버거와 탄산음료 먹을래요.

이게 궁금해요!

접속사 and의 쓰임

" 전 이번 생일에 받고 싶은 선물이 참 많아요. " 스마트폰 and 축구공 and 운동화 and 청바지 and 케이크 and 가방 and …….

받고 싶은 선물이 정말 많군요! 접속사 and는 여러 개를 나열할 때 모든 단어 마다 and를 넣지 않고, 맨 마지막 단어 앞에만 and를 넣으면 돼요. 예를 들면 이렇게요!

I want a smartphone, a soccer ball, sneakers, and jeans.

저는 스마트폰, 축구공, 운동화, 그리고 청바지를 원해요.

I like roses, tulips, and sunflowers. 저는 장미, 튤립, 그리고 해바라기를 좋아해요.

I like roses, tulips, and sunflowers.

1 다음 문장을 읽고 빈칸에 알맞은 말을 쓰세요.

'그리고, 그런데, 아니면'과 같이 단어와 단어, 문장과 문장을 연결해 주는 말을

ㅈ	ㅅ	ㅅ

라고 해요.

2 우리말 해석을 보고 빈칸에 알맞은 접속사를 골라 ○표 하세요.

❶ black (and / or) white 검정색 또는 흰색

❷ a desk (but / and) a chair 의자와 책상

❸ the rabbit (and / but) the turtle 토끼와 거북

❹ once (or / but) twice 한 번이나 두 번

❺ smart (but / and) kind 똑똑하고 친절한

❻ roses (or / and) tulips 장미 아니면 튤립

❼ Snow White (and / but) the Seven Dwarfs 백설공주와 일곱 난쟁이

❽ spring, summer, fall, (but / and) winter 봄, 여름, 가을, 그리고 겨울

• twice 두 번

• dwarf 난쟁이

3 우리말 해석을 보고 빈칸에 알맞은 접속사를 골라 쓰세요.

and	but	or

❶ Go straight _____ turn left. 직진하다가 왼쪽으로 도세요.

❷ I'm not rich, _____ I'm happy. 부자는 아니지만 저는 행복해요.

❸ Is this bag yours _____ hers? 이 가방은 네 것이니, 아니면 그녀의 것이니?

❹ I called you, _____ you didn't answer. 전화했는데 받지 않았어요.

❺ Do you like movies _____ musicals? 영화를 좋아하니, 아니면 뮤지컬을 좋아하니?

❻ I'm sorry, _____ I can't help you. 미안하지만, 당신을 도와줄 수가 없어요.

❼ I ate lunch, _____ I'm still hungry. 점심을 먹었는데 아직도 배가 고파요.

❽ Come here _____ listen to this. 이리 와서 이것 좀 들어 봐요.

• straight 똑바로

• rich 부자인, 돈이 많은

• still 아직

비인칭 주어 it

아무런 의미 없이 폼으로 쓰는 it!

STEP 1 기초 개념 잡기

it이 '그것'을 말한다는 건 다 알고 있죠? 그런데 it이 아무런 뜻 없이 그냥 쓰일 때가 있어요. 그냥 '폼' 으로 it을 주어 자리에 세워 두는 거예요. 이렇게 쓰는 it을 **비인칭 주어**라고 해요. 이런 it은 뜻이 없기 때문에 해석하지 않아요. 날짜, 요일, 시간, 날씨 등을 말할 때 쓴답니다.

Think & Write

지금 몇 시인지 it을 사용해서 문장을 만들어 보세요.

1 날짜나 요일을 말할 때 it

오늘은 "8월 2일이야."라고 말할 때 '8월 2일'은 August 2nd라고 쓰는데, 주어가 없어요. 이럴 때 '폼'으로 주어 it을 데려와서 It is August 2nd.라고 해요. 날짜 외에 요일이나 특정한 날을 이야기할 때도 주어 자리에 it을 써 주면 돼요.

It is Sunday. 일요일이에요.

It is December 25th. 12월 25일이에요.

It is Christmas. 크리스마스예요.

2 시간을 말할 때 it

'몇 시 몇 분'을 말할 때도 it을 주어로 써야 해요. It is 9:30.처럼요.

It is 9:30. 9시 30분이에요.

It is 5:10. 5시 10분이에요.

It is 3:15. 3시 15분이에요.

3 날씨를 말할 때 it

'비가 온다, 춥다'처럼 날씨를 말할 때도 it을 주어로 써요.

It is hot. 더워요.

It is cold. 추워요.

It is raining. 비가 오고 있어요.

It is snowing. 눈이 오고 있어요.

QUIZ

우리말 해석을 보고 빈칸에 알맞은 단어를 쓰세요.

① _____ is 7:30. 7시 30분이에요.

② _____ is November. 11월이에요.

4 비인칭 주어 it으로 질문하기

날짜, 요일, 시간, 날씨, 거리 등에 대해 물어볼 때도 it을 써야 해요. "금요일이야." It is Friday. 를 "오늘 금요일이니?"라고 물어보려면 be동사를 맨 앞으로 보내서 Is it Friday?라고 하면 돼요. 그리고 "무슨 요일이지?" What day is it?이라고 물어볼 때 쓰는 it도 비인칭 주어 it이에요.

Is it Friday? 금요일인가요?

Is it July 1st? 7월 1일인가요?

What time is it now? 지금 몇 시예요?

What day is it today? 오늘 무슨 요일이에요?

How far is it? 얼마나 멀어요?

QUIZ

우리말 해석을 보고 빈칸에 알맞은 말을 쓰세요.

1 What day ＿＿＿＿＿ ＿＿＿＿＿ today? 오늘 무슨 요일인가요?

2 ＿＿＿＿＿ ＿＿＿＿＿ Thursday. 목요일이에요.

이게 궁금해요!

날씨를 표현하는 형용사

" 날씨를 말할 때 비인칭 주어 it을 쓰는 건 알겠어요. "
그럼 "오늘 날씨는 맑아."는 어떻게 하면 되죠?
음… It… 음… It is… 그 다음에 뭐라고 해요?

날씨에 대해서 말하고 싶다면 다양한 형용사들을 알면 돼요. 이런 형용사들에는 명사 뒤에 -y를 붙여서 만든 것들이 많아요. '태양'은 sun이고, 태양이 떠서 '맑은'은 sunny랍니다. '구름'은 cloud이지만 '구름 낀, 흐린'은 cloudy가 되고요. 'it' 뒤에 이런 형용사들만 써 주면 온갖 날씨를 다 말할 수 있어요.

It's sunny!

It is sunny. 날씨가 맑다.   **It is** foggy. 안개가 꼈다.

It is cloudy. 날씨가 흐리다.   **It is** windy. 바람이 많이 분다.

1 다음 문장을 읽고 빈칸에 알맞은 말을 쓰세요.

ㅂ	ㅇ	ㅊ		ㅈ	ㅇ

it은 날짜, 요일, 시간, 날씨 등을 말할 때 써요.

2 우리말 해석을 보고 빈칸에 알맞은 말을 골라 쓰세요.

> cold　　　It　　　is　　　raining

❶ _____ is Saturday. 토요일이에요.

❷ It is _____. 날씨가 추워요.

❸ Is it _____? 지금 비 와요?

❹ It _____ 10:15. 10시 15분이에요.

3 우리말 해석을 보고 주어진 단어를 알맞게 배열하세요.

❶ 지금 몇 시야? (now / time / it / is / ? / What)

_____

❷ 7월 3일이에요. (July / It / is / . / 3rd)

_____

❸ 수요일인가요? (Is / ? / Wednesday / it)

_____

❹ 눈이 오고 있어요. (snowing / . / is / It)

_____

4 다음 질문을 읽고 지금 어떤지 대답을 써 보세요.

❶ What time is it?　　_____

❷ What day is it today?　　_____

❸ What's the date today?　　_____

❹ How is the weather?　　_____

동명사

동사가 명사로 변신하면 동명사

STEP 1 기초 개념 잡기

'먹다, 기억하다, 노래하다, 숨쉬다'처럼 동사는 '우리가 하는 모든 동작'을 나타내는 말이었어요. 이런 동사 뒤에 -ing를 붙이면 명사가 되고, 이를 **동명사**라고 해요. 예를 들어 '먹다'가 eat이니까 뒤에 -ing를 붙이면 eating으로 '먹기'가 된답니다.

동사에 -ing를 붙이니까 동명사가 되었어요!

Think & Write

다음 단어 뒤에 -ing를 붙여 동명사로 만들어 보세요.

study ➡	play ➡

176

1 동명사는 동사원형 + -ing

동사원형에 -ing를 붙여 주면 '동명사'가 돼요. 동명사란 원래는 동사였지만 -ing를 붙였기 때문에 명사의 역할도 하게 됐다는 뜻이에요. 예를 들어 laugh는 '웃다'라는 뜻이지만 laughing이 되면 '웃는 것, 웃기'가 돼요.

2 stop + 동명사: ~하는 것을 멈추다

동명사는 명사 역할을 할 수 있어서 동사 뒤에도 올 수 있어요. 그래서 "먹기를 멈춰."라는 말은 '먹다'의 eat을 eating인 동명사로 만들어서 Stop eating.으로 써요. 여기서 'stop + 동명사'라고 하면 '~하는 것을 멈추다'라는 뜻이에요. 자주 사용하는 말이니 기억해 두세요.

Stop **making** jokes. 농담 그만해.

Stop **running** around. 이리저리 뛰어다니지 마.

Stop **eating** chocolate. 초콜릿 그만 먹어.

- joke 농담
- around 이리저리

3 enjoy + 동명사: ~를 즐겨 하다, ~하는 것을 좋아하다

enjoy는 '~을 즐기다'라는 뜻의 동사인데, enjoy의 목적어로는 동명사가 와야 해요. "저는 노래하는 게 즐거워요."라고 하려면 I enjoy singing.이라고 하면 돼요.

I enjoy **sing**ing. 저는 노래하는 게 즐거워요.

I enjoy **read**ing. 저는 책 읽는 게 즐거워요.

I enjoy **ski**ing in the winter. 저는 겨울에 스키 타는 게 즐거워요.

QUIZ

우리말 해석을 보고 주어진 단어를 빈칸에 알맞은 형태로 쓰세요.

1 Stop _____ computer games. (play)

컴퓨터 게임 그만해.

2 Amy enjoys _____ pictures. (draw)

에이미는 그림 그리는 걸 즐겨요.

④ 동명사를 만드는 방법은 너무 다양해!

우선 -e로 끝나는 동사는 -e를 빼고 -ing를 붙여야 해요. make는 making, come은 coming이 된답니다. 그리고 단모음과 자음이 연달아 나올 때는 자음을 한 번 더 써 줘야 해요. '치다'는 hit이니까 hitting, '조깅하다'라는 뜻의 jog는 jogging이 돼요. 그렇다면 '거짓말하다'라는 뜻을 가진 lie는 -ing를 붙이면 어떻게 될까요? 이 경우는 아예 모양이 바뀌어서 lying이 된답니다.

Making toast is easy. 토스트를 만드는 건 쉬워요. (make ➡ making)

Hitting a ball is difficult. 공을 치는 건 어려워요. (hit ➡ hitting)

Stop lying to me. 제게 거짓말 좀 그만해요. (lie ➡ lying)

QUIZ

다음 문장을 읽고 알맞은 말을 골라 ○표 하세요.

❶ Stop (makeing / making) noise.

❷ I enjoy (swiming / swimming) in the pool.

이게 궁금해요!

동명사와 현재진행형

❝ 동사에 -ing를 붙이면 동명사가 된다고요? ❞
좀 어렵긴 하지만 알 것 같아요. 그럼, I'm walking.에서 walking도 -ing가 붙었으니까 동명사인가요?

동사에 -ing가 붙은 형태라고 해서 모두 동명사는 아니에요. I'm walking.은 "나는 걷고 있다."라는 뜻의 현재진행형이에요. 'be동사 + 동사ing'는 바로 지금 일어나고 있는 일을 얘기하는 거예요. 그럼 동명사와 현재진행형은 어떻게 구분할까요? be동사가 바로 앞에 있으면 현재진행형이에요!

> I am walking!
> be동사 am이 있으니
> 현재진행형이군!

I am walking around the park. 저는 공원에서 산책하고 있어요. (현재진행형)

I enjoy walking around the park. 저는 공원에서 산책하는 것을 좋아해요. (동명사)

1 다음 문장을 읽고 빈칸에 알맞은 말을 쓰세요.

ㄷ	ㅁ	ㅅ

는 동사원형 뒤에 -ing를 붙인 것으로 명사 역할을 해요.

2 다음 단어를 동명사 형태로 만드세요.

❶ run　　⇒ _____

❷ drink　⇒ _____

❸ come　⇒ _____

❹ dance　⇒ _____

❺ clean　⇒ _____

❻ lie　　⇒ _____

3 우리말 해석을 보고 빈칸에 알맞은 말을 골라 동명사로 바꿔 쓰세요.

read	laugh	rain	make	jog	play

❶ Stop _____. 그만 웃어.

❷ It stopped _____. 비가 그쳤어요.

❸ He enjoyed _____ jokes. 그는 농담하기를 즐겨요.

❹ I enjoy _____ comic books. 저는 만화책을 즐겨 읽어요.

❺ We enjoyed _____ tennis. 저희는 테니스 치는 것을 즐겼어요.

❻ She enjoyed _____ in the park. 그녀는 공원에서 조깅을 즐겼어요.

4 다음 문장에서 밑줄 친 부분을 바르게 고쳐 문장을 다시 쓰세요.

❶ I enjoy ski in the winter.

　⇒ _____

❷ Play computer games is fun.

　⇒ _____

UNIT 39 to부정사 맛보기

동사에 to를 붙이면 to부정사

STEP 1 기초 개념 잡기

동사는 명령문만 아니면 항상 주어 뒤에 온답니다. 그런데 동사가 to를 데리고 다니면 다른 동사 뒤에 올 수도 있고, 문장 맨 앞이나 맨 뒤에 올 수 있어요. 이렇게 'to+동사원형'의 형태를 **to부정사**라고 해요. to부정사는 다양한 위치에서 여러 가지 역할을 할 수 있답니다.

to부정사는 명사, 형용사, 부사 역할을 할 수 있어요!

Think & Write

to부정사를 사용해서 내가 지금 먹고 싶은 음식이 무엇인지 문장을 만들어 보세요.

I like _____ eat _____.
　　　　　　　　　　　　　　(음식 이름)

180

1 to부정사는 'to + 동사원형'

동사 앞에 to를 붙이면 to부정사가 돼요. to부정사가 되면 다른 동사 뒤, 문장 맨 앞이나 맨 뒤에도 올 수 있어요. 그건 to부정사가 '명사', '형용사', 때로는 '부사' 역할을 하기 때문이에요. to부정사는 쓰임에 따라 위치가 달라진답니다. to부정사 to부정사를 만들 때 to 뒤에 오는 동사는 꼭 '동사원형'이라는 걸 기억해 두세요.

2 want + to부정사: ~하고 싶다

목적어로 꼭 to부정사만을 쓰는 동사들이 있어요. 그 중에서 자주 쓰는 동사가 바로 want예요.

I want to win. 저는 이기고 싶어요.

I want to go to Disneyland. 저는 디즈니랜드에 가고 싶어요.

I want to dye my hair. 저 머리 염색하고 싶어요.

• **dye** 염색하다

3 like + to부정사: ~하는 것을 좋아하다

"나는 노래하는 걸 좋아해."라고 말할 때도 역시 to부정사를 이용하면 돼요. sing(노래하다)이라는 동사에 to라는 날개를 달아서 to sing(노래하는 것)이 되면 like 뒤에 쓸 수 있거든요. 그래서 'like + to부정사'는 '~하는 것을 좋아해'라는 뜻이 돼요.

I like to watch TV. 저는 TV 보는 것을 좋아해요.

He likes to go shopping. 그는 쇼핑 가는 것을 좋아해요.

Kate likes to play the piano. 케이트는 피아노 치는 것을 좋아해요.

QUIZ

다음 괄호 안의 표현 중 알맞은 것에 ○표 하세요.

❶ I want (to eat / eating) spaghetti. 저는 스파게티를 먹고 싶어요.

❷ I (enjoy / like) to read poetry. 저는 시 읽는 것을 좋아해요.

• **poetry** 시

4 명사를 꾸며 주는 to부정사의 형용사 용법

to부정사는 명사, 형용사, 부사 역할을 해요. 그 중 형용사 역할을 맡으면 다른 명사를 꾸밀 수 있어요. I have a book.은 "난 책을 가지고 있다."는 뜻이에요. I have a book to read.는 "난 읽을 책을 가지고 있다."는 말이 돼요. to read가 '읽는 것'이 아니라 '읽을'이라는 뜻이 되어 앞에 나온 a book을 꾸며 줘요.

I have a book. 저는 책이 한 권 있어요.

➡ **I have a book** to read. 저는 읽을 책이 한 권 있어요.

I have something. 저는 무언가를 가지고 있어요.

➡ **I have something** to drink. 저는 마실 것을 가지고 있어요.

• something 무언가

QUIZ

다음 문장을 우리말로 해석하세요.

① She has a new game.

_____

② She has a new game to play.

_____

이게 궁금해요!

동명사와 to부정사를 둘 다 사용하는 like

❝ 친구가 I like reading books.라고 말해요. ❞
to부정사도 모르나 봐요.
I like to read books. 이게 맞죠?

like는 want와 달리 뒤에 to부정사가 아니라 동명사가 와도 괜찮아요. like 뒤에는 목적어로 to부정사와 동명사 둘 다 쓸 수 있다는 뜻이에요. 동사들 중에는 꼭 to부정사를 써야 하는 것(want, need)과 항상 동명사를 써야 하는 것(stop, enjoy, finish)이 있어요. like처럼 둘 다 쓸 수 있는 것들도 있답니다.

I like to watch TV.
= **I like watching TV.** 저는 TV 보는 걸 좋아해요.

I like to watch TV.

I like watching TV.

1 다음 문장을 읽고 빈칸에 알맞은 말을 쓰세요.

to부정사는 'to + [ㄷ | ㅅ | ㅇ | ㅎ]'의 형태예요.

2 다음 문장을 읽고 빈칸에 알맞은 말을 골라 ○표 하세요.

① He wants (to be / to is) a scientist.

② They (want / want to) go to the zoo.

③ I want (meet / to meet) a K-pop star.

④ She wants to (learn / learns) Chinese.

⑤ I want (being / to be) a programmer.

• **programmer**
프로그래머

3 우리말 해석을 보고 알맞은 동사를 골라 to부정사 형태로 쓰세요.

| study | walk | skate | play | travel |

① I like ＿＿＿＿＿ ＿＿＿＿＿＿＿. 저는 스케이트 타는 것을 좋아해요.

② I like ＿＿＿＿＿ ＿＿＿＿＿＿＿. 저는 여행하는 것을 좋아해요.

③ I like ＿＿＿＿＿ ＿＿＿＿＿＿＿ with toys. 저는 장난감 가지고 노는 것을 좋아해요.

④ I like ＿＿＿＿＿ ＿＿＿＿＿＿＿ English. 저는 영어 공부하는 것을 좋아해요.

⑤ I like ＿＿＿＿＿ ＿＿＿＿＿＿＿ my dog. 저는 강아지 산책시키는 것을 좋아해요.

4 우리말 해석을 보고 알맞은 동사를 골라 to부정사 형태로 쓰세요.

| do | say | drink | read | eat |

① I have something ＿＿＿＿＿ ＿＿＿＿＿＿＿. 저는 마실 것이 있어요.

② I have something ＿＿＿＿＿ ＿＿＿＿＿＿＿. 저는 먹을 것이 있어요.

③ I have something ＿＿＿＿＿ ＿＿＿＿＿＿＿. 저는 할 것이 있어요.

④ I have something ＿＿＿＿＿ ＿＿＿＿＿＿＿. 저는 얘기할 것이 있어요.

⑤ I have something ＿＿＿＿＿ ＿＿＿＿＿＿＿. 저는 읽을 것이 있어요.

수여동사

누군가에게 무엇을 줄 때는 수여동사

STEP 1 기초 개념 잡기

give(주다)는 '누구에게 무엇을 주다'라고 써야 더 정확해요. Give me.라고 말하면 '무엇'을 달라는 건지 알 수 없고, Give water.라고 말하면 물을 '누구에게' 달라는 건지 알 수가 없으니까 Give me water(나에게 물을 주세요).라고 말해야 해요. 이렇게 누구에게 무엇을 줄 때 사용하는 동사를 **수여동사**라고 해요.

지호가 Give me water.라고 말했어야 했네요!

Think & Write

give를 사용해서 다른 사람에게 어떤 물건을 주라는 문장을 만들어 보세요.

Give _____ _____, please.
　　　(사람 이름)　　　　　(물건)

184

1 수여동사

동사들 중에는 '누구에게'와 '무엇을'이라는 목적어가 두 개 필요한 동사들이 있어요. 이런 동사에는 buy, show, teach, make 등이 있어요. '~해 주다'라는 의미여서 '수여동사'라고 불러요.

I bought a rose. 저는 장미를 한 송이 샀어요.

➡ I bought her a rose. 저는 그녀에게 장미를 한 송이 사주었어요.

I made pizza. 저는 피자를 만들었어요.

➡ I made him pizza. 저는 그에게 피자를 만들어 주었어요.

2 give + 누구 + 무엇 : 누구에게 무엇을 주다

'주다'라는 뜻의 give도 목적어가 두 개 필요한 수여동사예요. 그래서 give 뒤에 '누구에게 무엇을' 줬는지 밝혀야 해요. 순서는 'give + 누구 + 무엇'이에요.

Give me a hot dog. 나에게 핫도그 하나 줘.

Give me a call. 나에게 전화해 줘.

Give him this note. 그에게 이 메모 좀 줘.

• note 메모

3 show + 누구 + 무엇 : 누구에게 무엇을 보여 주다

show 역시 '누구에게 무엇을' 보여 주는지 알려야 해요. 이때 please를 붙이면 좀 더 공손한 표현이 된답니다.

Show me your drawing, please. 그림을 보여 주세요.

Show me your passport, please. 여권 좀 보여 주세요.

Show me another one, please. 다른 것 좀 보여 주세요.

• passport 여권
• another 또 다른

QUIZ

우리말 해석을 보고 괄호 안의 단어를 알맞게 배열하세요.

① He (me / teaches / math). 그는 저에게 수학을 가르쳐 줘요.

He _____.

② Give (this / book / her). 이 책을 그녀에게 줘.

Give _____.

④ give + 누구 + 무엇 = give + 무엇 + to + 누구

'give + 누구 + 무엇'은 '누구에게 무엇을 주다'라는 의미예요. 그런데 to를 쓰면 'give + 무엇 + to + 누구'라고 쓸 수 있어요. 이땐 '무엇'이 give 뒤에 오고 to 뒤에 '누구'가 와요.

Andy gave me a pen. 앤디가 저에게 펜을 하나 주었어요.

➡ **Andy gave a pen to me.** 앤디가 펜을 하나 저에게 주었어요.

Give Sally this letter. 샐리에게 이 편지를 전해 주세요.

➡ **Give this letter to Sally.** 이 편지를 샐리에게 전해 주세요.

Give this letter to Sally.

QUIZ

다음 문장을 두 가지 표현 방식으로 쓰세요.

케빈이 저에게 인형(a doll)을 주었어요.

Kevin gave _____.

Kevin gave _____.

이게 궁금해요!

buy 무엇 for 누구

" 이제 장난감 사달라고 할 때 Buy a new toy me. 라고 하면 되겠어요. 아참, 그런데 순서가 틀렸네요. 이럴 땐 to를 넣으면 된다고 하셨으니까 Buy a new toy to me.라고 하면 되겠네요. 맞죠? "

give, show, buy 뒤에는 항상 '누구에게 무엇을' 순서로 써요. 이 순서를 바꿀 경우엔 Give it to me.처럼 '무엇 to 누구'라고 써야 하고요. 그런데 buy는 조금 달라요. 순서를 바꾸게 되면, 그 표시로 to가 아닌 for를 씁니다. 그래서 'buy 무엇 for 누구'라고 해야 해요. make도 마찬가지예요.

My mom bought a watch for me. 엄마가 시계를 제게 사 주셨어요.

I made a card for Joy. 저는 조이에게 카드를 만들어 주었어요.

My mom bought a watch for me!

1 다음 문장을 읽고 알맞은 표현을 골라 ○표 하세요.

동사들 중에는 '~해 주다'라는 의미로 '누구에게' 와 '무엇을'의 두 개의 목적어가 필요한 (수여동사 / to부정사)가 있어요.

2 우리말 해석을 보고 빈칸에 알맞은 말을 쓰세요.

❶ _____ me 10 dollars. 저에게 10달러만 주세요.

❷ He _____ _____ lunch. 그가 제게 점심을 만들어 주었어요.

❸ I _____ _____ a doll. 저는 그녀에게 인형을 사 주었어요.

❹ Teach _____ English. 저에게 영어를 가르쳐 주세요.

❺ _____ me your ticket, please. 승차권을 보여 주세요.

❻ Show _____ the way to the bookstore.
저에게 서점으로 가는길을 알려 주세요.

3 다음 문장을 읽고 알맞은 것을 골라 ○표 하세요.

❶ Tom sent (a gift to / to a gift) me.

❷ Betty gave a teddy bear (to me / me to).

❸ I gave some (bread / bread to) her.

❹ I show some cookies (to Sarah / Sarah).

❺ He showed a model airplane (me / to me).

4 우리말 해석을 보고 주어진 단어를 알맞게 배열하세요.

❶ 그가 저에게 꽃을 사 주었어요. (some flowers / He / . / bought / me)

• **chance** 기회

_____

❷ 저는 티나에게 카드를 보냈어요. (I / a card / . / to / sent / Tina)

_____

❸ 저는 그녀에게 기회를 주었어요. (gave / I / her / a / . / chance)

_____

PART 5 — Review Test

1 우리말 해석을 보고 빈칸에 알맞은 전치사를 쓰세요.

1 See you _____ Sunday. 일요일에 봐요.

2 English class begins _____ 4 o'clock. 영어 수업은 4시에 시작해요.

3 My twin brothers were born _____ 2015. 내 쌍둥이 동생들은 2015년에 태어났어요.

4 Don't eat food _____ 8. 8시 이후엔 음식을 먹지 마.

5 Wash your hands _____ meals. 식사하기 전에 손을 씻어라.

2 그림을 보고 빈칸에 알맞은 전치사를 쓰세요.

1

There is a ball _____ the chair.

There are three books _____ the desk.

2

Sally is sitting _____ Andy.

Kevin is sitting _____ Julie.

3

A jacket is _____ the closet.

A floor lamp is _____ the closet.

3 우리말 해석을 보고 빈칸에 알맞은 be동사를 넣어 문장을 완성하세요.

1 There _____ a library next to my school. 우리 학교 옆에 도서관이 있어요.

2 There _____ two bathrooms in the house. 그 집에는 화장실이 두 개 있어요.

3 _____ there many stars in the sky? 하늘에 많은 별들이 있나요?

4 There _____ no dogs in the park. 공원에 개가 한 마리도 없어요.

4 우리말 해석을 보고 빈칸에 알맞은 동사를 골라 쓰세요.

be	do	wear	listen

1 _____ to your teacher. 선생님 말씀 들으렴.

2 _____ quiet. 조용히 하세요.

3 _____ a helmet. 헬멧을 쓰세요.

4 _____ your homework. 숙제를 하세요.

5 우리말 해석을 보고 주어진 형용사를 비교급 형태로 바꿔 쓰세요.

1 Seoul is _____ than Jeju. 서울이 제주보다 더 추워요. (cold)

2 His house is _____ than my house. 그의 집이 우리 집보다 더 커요. (big)

3 This bag is _____ than that bag. 이 가방이 저 가방보다 더 무거워요. (heavy)

4 His story is _____ than the movie. 그의 이야기가 영화보다 더 재미있어요. (interesting)

5 The weather is _____ than yesterday. 날씨가 어제보다 더 좋아요. (good)

6 우리말 해석을 보고 주어진 형용사를 최상급 형태로 바꿔 쓰세요.

1 You are _____ in our class. 당신이 우리 반에서 가장 똑똑해요. (smart)

2 I am _____ boy. 저는 운이 좋은 남자아이예요. (lucky)

3 Who is _____ in your family? 당신의 가족 중에서 누가 제일 키가 큰가요? (tall)

4 She is _____ in the world. 그녀는 세상에서 제일 아름다워요. (beautiful)

7 우리말 해석을 보고 빈칸에 and/but/or 중 알맞은 것을 골라 쓰세요.

1 Go _____ get some rest. 가서 쉬어라.

2 I bought a book, _____ I didn't read it. 저는 책을 샀지만, 읽지 않았어요.

3 Do you like ice cream _____ chocolate? 아이스크림이 좋아요, 아니면 초콜릿이 좋아요?

8 그림과 우리말 해석을 보고 빈칸에 알맞은 말을 넣어 문장을 완성하세요.

1 _____ is 10:30.

10시 30분이에요.

2 _____ is May 20th.

5월 20일이에요.

3 _____ _____ your favorite book.

가장 좋아하는 책을 제게 보여 주세요.

4 _____ this book _____ Tom.

이 책을 톰에게 주세요.

9 우리말 해석을 보고 알맞은 동사를 골라 to부정사 또는 동명사 형태로 쓰세요.

be   drink   eat   buy   show   sing

1 I need some water _____. 저는 마실 물이 좀 필요해요.

2 I want _____ a soccer player. 저는 축구선수가 되고 싶어요.

3 I have something _____ you. 당신에게 보여줄 무언가가 있어요.

4 I want _____ a new laptop. 저는 새 노트북을 사고 싶어요.

5 Sandy stopped _____ snacks. 샌디는 간식을 먹는 것을 그만두었어요.

6 I enjoy _____ in front of people. 저는 사람들 앞에서 노래하는 것이 즐거워요.

불규칙 동사 변화 100개

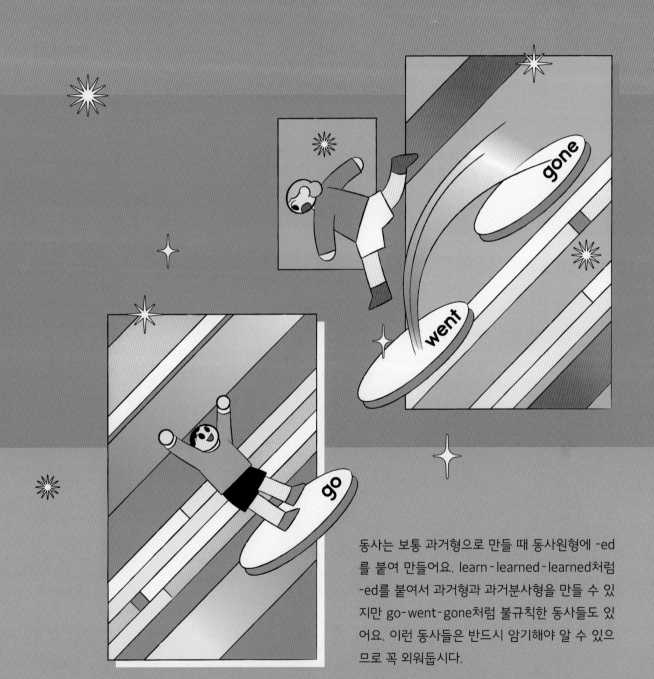

동사는 보통 과거형으로 만들 때 동사원형에 -ed
를 붙여 만들어요. learn-learned-learned처럼
-ed를 붙여서 과거형과 과거분사형을 만들 수 있
지만 go-went-gone처럼 불규칙한 동사들도 있
어요. 이런 동사들은 반드시 암기해야 알 수 있으
므로 꼭 외워둡시다.

불규칙 동사 변화 100개

꼭 암기해야 알 수 있는 불규칙 동사 변화 단어 100개를 모았어요. 초등학교 교과과정에서 중요하게 다루는 단어들과 중학교에 들어가서도 필수적으로 배워야 할 교육부 권장 어휘를 포함했으니 단어 뜻과 변화형을 읽고 공부해 보세요.

A-B-C 형태

✓	NO.	우리말 뜻	동사원형	과거형	과거분사형
☐	1	깨우다	awake	awoke	awoken
☐	2	이다, 있다	be	was, were	been
☐	3	(아이를) 낳다	bear	bore	born
☐	4	시작하다	begin	began	begun
☐	5	물다	bite	bit	bitten
☐	6	(바람이) 불다	blow	blew	blown
☐	7	깨뜨리다	break	broke	broken
☐	8	선택하다	choose	chose	chosen
☐	9	하다	do	did	done
☐	10	마시다	drink	drank	drunk
☐	11	운전하다	drive	drove	driven
☐	12	먹다	eat	ate	eaten
☐	13	날다	fly	flew	flown
☐	14	잊다	forget	forgot	forgotten
☐	15	용서하다	forgive	forgave	forgiven
☐	16	얼다	freeze	froze	frozen
☐	17	얻다	get	got	gotton
☐	18	주다	give	gave	given
☐	19	가다	go	went	gone

get의 과거분사는 got도 쓰여요!

☐	20	자라다	grow	grew	grown
☐	21	숨기다	hide	hid	hidden
☐	22	알다	know	knew	known
☐	23	눕다	lie	lay	lain
☐	24	타다	ride	rode	ridden
☐	25	(종이) 울리다	ring	rang	rung
☐	26	오르다	rise	rose	risen
☐	27	보다	see	saw	seen
☐	28	노래하다	sing	sang	sung
☐	29	(씨를) 뿌리다	sow	sowed	sown
☐	30	맹세하다	swear	swore	sworn
☐	31	수영하다	swim	swam	swum
☐	32	잡다	take	took	taken
☐	33	던지다	throw	threw	thrown
☐	34	(글씨를) 쓰다	write	wrote	written

A-B-B 형태

☐	35	굽히다	bend	bent	bent
☐	36	피를 흘리다	bleed	bled	bled
☐	37	가져오다	bring	brought	brought
☐	38	(건물을) 짓다	build	built	built

☐	39	타오르다	burn	burnt	burnt
☐	40	사다	buy	bought	bought
☐	41	잡다	catch	caught	caught
☐	42	달라붙다	cling	clung	clung
☐	43	다루다	deal	dealt	dealt
☐	44	(구멍을) 파다	dig	dug	dug
☐	45	먹이를 주다	feed	fed	fed
☐	46	느끼다	feel	felt	felt
☐	47	싸우다	fight	fought	fought
☐	48	찾다	find	found	found
☐	49	달아나다	flee	fled	fled
☐	50	걸다	hang	hung	hung
☐	51	들리다	hear	heard	heard
☐	52	(손으로) 잡고 있다	hold	held	held
☐	53	유지하다	keep	kept	kept
☐	54	놓다	lay	laid	laid
☐	55	앞장서다	lead	led	led
☐	56	떠나다	leave	left	left
☐	57	빌려주다	lend	lent	lent
☐	58	잃다	lose	lost	lost
☐	59	만들다	make	made	made

☐	60	의미하다	mean	meant	meant
☐	61	만나다	meet	met	met
☐	62	지불하다	pay	paid	paid
☐	63	말하다	say	said	said
☐	64	팔다	sell	sold	sold
☐	65	보내다	send	sent	sent
☐	66	앉다	sit	sat	sat
☐	67	자다	sleep	slept	slept
☐	68	미끄러지다	slide	slid	slid
☐	69	(돈을) 쓰다	spend	spent	spent
☐	70	회전하다	spin	spun	spun
☐	71	(침을) 뱉다	spit	spat	spat
☐	72	서 있다	stand	stood	stood
☐	73	쏘다, 찌르다	sting	stung	stung
☐	74	치다	strike	struck	struck
☐	75	가르치다	teach	taught	taught
☐	76	말하다	tell	told	told
☐	77	생각하다	think	thought	thought
☐	78	이해하다	understand	understood	understood
☐	79	울다	weep	wept	wept
☐	80	이기다	win	won	won

☐	81	돈을 걸다	bet	bet	bet
☐	82	방송하다	broadcast	broadcast	broadcast
☐	83	폭발하다	burst	burst	burst
☐	84	(미소를) 던지다	cast	cast	cast
☐	85	비용이 들다	cost	cost	cost
☐	86	자르다	cut	cut	cut
☐	87	때리다	hit	hit	hit
☐	88	다치게 하다	hurt	hurt	hurt
☐	89	~하게 두다	let	let	let
☐	90	놓다, 두다	put	put	put
☐	91	그만두다	quit	quit	quit
☐	92	읽다	read	read	read
☐	93	제거하다	rid	rid	rid
☐	94	(눈물을) 흘리다	shed	shed	shed
☐	95	(문을) 닫다	shut	shut	shut
☐	96	펼치다, 펴다	spread	spread	spread
☐	97	속상하게 하다	upset	upset	upset

A-B-A 형태

☐	98	~이 되다	become	became	become
☐	99	오다	come	came	come
☐	100	달리다	run	ran	run

영문법 개념 총정리 테스트

맞힌 개수: / 40

| 학년 | 반 | 이름: |

• 다음을 읽고 빈칸에 알맞은 답을 써 넣으세요.

1 _____는 사람, 동물, 물건, 나라, 도시, 음식 등을 부르는 모든 이름을 뜻해요.

2 사람, 도시, 나라 이름처럼 세상에 딱 하나뿐인 명사는 첫 글자를 _____로 써요.

3 관사 a에는 '아무거나 하나'라는 의미가 있는데 명사의 발음이 모음(a, e, i, o, u)으로 시작되는 명사 앞에는 a 대신 _____을 써요.

4 관사 _____는 '앞에서 말했던 바로 그것'을 의미하는데 서로가 알고 있는 '그것'을 말할 때도 써요.

> I bought **a** cap.
> I lost **the** cap. (앞에서 샀던 그 모자)

5 this, that, it처럼 사물을 가리킬 때 사용하는 대명사를 _____라고 해요. 나랑 가까이에 있는 사물을 가리킬 때는 this나 _____를 쓰고, 나랑 멀리 떨어져 있는 것을 가리킬 때는 that이나 those를 써요.

6 '나', '너', '그녀', '우리'처럼 사람의 이름을 대신해서 쓰는 말을 _____라고 하고, '은/는'으로 해석할 땐 문장 맨 앞에 와요.

> I 나   you 너,너희   he 그
> _____ 그녀   we 우리   they 그들

7 '나를', '그를', '그들을'처럼 '을/를'로 해석하는 인칭대명사는 모양이 달라요.

> me 나를   you 너희를   _____ 그를
> her 그녀를   _____ 우리를   them 그들을

8 '나의', '그의', '그녀의'처럼 누군가의 소유를 뜻하는 인칭대명사도 모양이 달라요.

> my 나의   your 너의, 너희의   his 그의
> her 그녀의   our _____   their _____

9 '내 것', '그의 것, '그녀의 것'처럼 '소유한 물건'의 자체를 말할 때 쓰는 인칭대명사도 모양이 달라요.

> _____ 내 것   yours 너의 것, 너희의 것
> _____ 그의 것   hers 그녀의 것
> ours 우리의 것   theirs 그들의 것

10 _____는 '먹다, 자다'처럼 몸을 직접 움직이거나 '생각하다'처럼 눈에 보이지 않지만 우리가 하는 모든 행동을 나타내는 말이에요.

11 _____는 뒤에 나오는 동사를 도와서 여러 가지 뜻을 전달해 주는 역할을 해요.

12 _____는 '~이다, ~에 있다, ~하다'라는 의미를 가진 동사로 am, are, is가 있는데 주어에 따라 구별해서 써요.

13 _____는 명사를 꾸며 주는 말로 명사의 모양이나 생김새를 알려 주거나, 명사의 기분이나 상태, 성질 등을 설명해 줘요.

14 _____는 동사, 형용사, 혹은 다른 부사를 꾸며 주는 말이에요.

> I get up **early**. (동사 get up을 꾸며요.)
> The bird is **very** cute. (형용사 cute를 꾸며요.)
> He runs **so** fast. (부사 fast를 꾸며요.)

15 '얼마나 자주 하는지'를 나타내는 _____는 always(항상), usually(보통), often(자주), sometimes(가끔), never(절대) 등이 있어요.

16 be동사는 주어에 따라 모양이 달라져요. 주어가 I일 때는 _____, 주어가 you, we, they일 때는 are, 그 밖에 he, she, it일 때는 _____를 써요.

17 _____은 바로 지금 일어나는 일을 뜻하고, '~하고 있다, ~하는 중이다'로 해석해요. 현재진행형은 be동사를 먼저 두고, 동사원형 뒤에 -ing를 붙여서 만들어요.

18 지나간 일을 말할 때는 과거 시제를 써요.

> • be동사의 과거형
> am / is → **was**   are → _____
> • 일반동사의 과거형
> play → play**ed**   love → lov**ed**
> eat → _____

19 '~할 거예요'라고 앞으로의 일에 대해 말할 때 미래 시제인 be going to와 '~할 거예요, ~할게요'라고 미래의 계획을 뜻하는 조동사 _____을 써요.

20 조동사 _____은 '~할 수 있다'라고 자신의 능력을 말하거나 '해도 좋다'는 허락을 나타낼 때 써요. can의 부정문은 cannot이나 can't로 써요.

21 조동사 _____는 '~해야 한다'라고 말할 때 써요. must의 부정문은 must not으로 넣고, 줄여서 mustn't로도 써요.

22 조동사 _____는 '~해야 해요'라는 의미로 당연히 해야 할 일을 말할 때 사용해요. should의 부정문은 should not으로 쓰고 줄여서 shouldn't로도 써요.

23 _____는 '무엇을 해 봤다'고 경험을 말할 때 쓰고, have+과거분사를 써서 표현해요.

24 의문사 _____은 '무엇, 무슨'이라는 뜻으로 '무엇을 하고 싶니? 무엇을 갖고 싶니?'처럼 '무엇'에 대해 물어볼 때 써요.

25 의문사 _____는 '누구, 누가'라는 뜻으로 사람에 대해 물을 때 써요.

26 의문사 _____은 '언제'라는 뜻으로 보통 문장 맨 앞에 와서 문장을 만들어요.

27 의문사 _____는 '어디'라는 뜻으로 '어디에 있나요? 어디에 ~하나요?'라고 물어볼 때 써요.

28 의문사 _____는 '어떻게', '얼마나'라는 뜻으로 '~는 어떤가요?', '얼마나 ~한가요?'라고 물어볼 때 써요.

> **How is** the weather?
> **How old are** you?

29 의문사 _____는 '왜'라는 뜻으로 이유를 묻는 질문에 써요.

> **Why are** you sad?
> **Why do** you like her?

30 _____는 명사나 대명사 앞에서 시간, 장소, 방향 등을 알려 주는 말이에요. 시간 전치사에는 at, on, in 등이 있고, 장소 전치사는 in, on, under 등이 있어요.

31 '~가 있어요'라고 말할 때는 There is나 _____ _____를 써요. 이때 there는 '그곳에'라고 해석하지 않아요.

32 누구에게 '~해라'라고 명령할 때는 주어 없이 문장 맨 앞에 보통 동사원형을 써요. '~하지 마라'라고 명령할 때는 동사원형 앞에 _____를 넣어요.

> **Open** the door.
> **Don't run** in the classroom.

33 비교급은 무엇이 '더 ~하다'라고 비교해서 말할 때 써요. 보통 _____ 뒤에 -er을 붙여 표현해요. '~보다 더 ~한'으로 표현하고 싶다면 비교급으로 만든 형용사 뒤에 than을 같이 써요.

34 beautiful, difficult처럼 단어가 긴 형용사는 뒤에 -er을 붙이지 않고 단어 앞에 _____를 써서 비교급을 만들어요.

35 최상급은 '제일, 최고로 ~한'으로 표현할 때 써요. 보통 형용사 앞에 the를 붙이고 형용사 뒤에 -est를 붙여요. 긴 단어를 최상급으로 만들 땐 앞에 _____를 써서 만들어요.

36 _____는 단어와 단어, 문장과 문장 등을 연결할 때 쓰는 말이에요. 접속사에는 and, but, or 등이 있어요.

37 _____ it은 날짜, 요일, 시간, 날씨 등을 말할 때 주어 자리에 폼으로 쓰는 it을 말해요. 이때 it은 '그것은'이라고 해석하지 않아요.

38 _____는 동사원형 뒤에 -ing를 붙여서 동사가 명사로 변신한 형태를 뜻해요. 그래서 명사 역할을 할 수 있어요.

39 동사원형 앞에 to를 붙이면 _____가 돼요. to부정사는 문장에서 명사, 형용사, 부사의 역할을 해요.

40 _____는 누구에게 무엇을 줄 때 사용하는 동사예요. 이런 동사에는 give, buy, show, teach, make 등이 있어요.

기적 영어 학습서

기본이 탄탄! 실전에서 척척!
유초등 필수 영어능력을 길러주는 코어 학습서

유아 영어

재미있는 액티비티가 가득한
3~7세를 위한 영어 워크북

| 4세 이상 | 5세 이상 | 6세 이상 | 6세 이상 |

파닉스 완성 프로그램

알파벳 음가 → 사이트워드
→ 읽기 연습까지!
리딩을 위한 탄탄한 기초 만들기

| 6세 이상 전 3권 | 1~3학년 | 1~3학년 전 3권 |

영어 단어

영어 실력의 가장 큰 바탕은 어휘력!
교과과정 필수 어휘 익히기

| 1~3학년 전 2권 | 3학년 이상 전 2권 |

영어 리딩

패턴 문장 리딩으로 시작해
정확한 해석을 위한 끊어읽기까지!
탄탄한 독해 실력 쌓기

| 2~3학년 전 3권 | 3~4학년 전 3권 | 4~5학년 전 2권 | 5~6학년 전 2권 |

영어 라이팅

저학년은 패턴 영작으로,
고학년은 5형식 문장 만들기 연습으로
튼튼한 영작 실력 완성

| 2학년 이상 전 4권 | 4학년 이상 전 5권 | 5학년 이상 전 2권 | 6학년 이상 |

영어일기

한 줄 쓰기부터 생활일기,
주제일기까지!
영어 글쓰기 실력을 키우는 시리즈

| 3학년 이상 | 4~5학년 | 5~6학년 |

영문법

중학 영어 대비, 영어 구사
정확성을 키워주는 영문법 학습

| 4~5학년 전 2권 | 5~6학년 전 3권 | 6학년 이상 |

스토리 만화로 쉽게 시작하는 교과서 영문법 ★

초등 필수 영문법

무작정 따라하기

정답

길벗스쿨

PART 1
영어 문장을 이루는 품사

UNIT 1 명사

Think & Write *p.12*

예시 답안 book, pen, desk

QUIZ *p.13*

1 James 2 France

QUIZ *p.14*

1 ☑ Korea 2 ☑ Sam

STEP 3 *p.15*

1 이름

2 ① bag, desk, pencil, chair
  ② Sam, Ben, Mag
  ③ China, Korea, Japan

3 ① Andy, bike ② Birds, sky
  ③ Tina, Italy ④ Paul, soccer
  ⑤ Busan, city

4 cake, milk, juice, pizza, banana

UNIT 2 셀 수 있는 명사, 셀 수 없는 명사

Think & Write *p.16*

예시 답안 셀 수 있는 명사: dog, cat
        셀 수 없는 명사: milk, water

QUIZ *p.17*

☑ air, ☑ salt, ☑ sugar, ☑ love, ☑ oil

QUIZ *p.18*

1 fish 2 sheep 3 teeth 4 children

STEP 3 *p.19*

1 a나 an을, -s나 -es를

2 ① cat, pencil, brother, lion, friend
  ② oil, rain, snow, money, sugar

3 ① boys ② cups
  ③ babies ④ watches
  ⑤ parties ⑥ feet
  ⑦ dishes ⑧ deer

4 ① I have many toys.
  ② Dan likes puppies.
  ③ There are some potatoes.
  ④ Three girls play basketball.
  ⑤ The children are my brothers.

UNIT 3 관사

Think & Write *p.20*

The

QUIZ *p.21*

1 an 2 a, The

QUIZ *p.22*

1 관사 없음 2 관사 없음

STEP 3 *p.23*

1 the

2 ① a ② an ③ an
  ④ an ⑤ a

3 ① ○ ② X ③ X
  ④ X ⑤ ○ ⑥ X

4 **❶** a pencil **❷** the TV **❸** a pet
 ❹ dinner **❺** The guitar

UNIT 4 지시대명사

Think & Write *p.24*

예시 답안 문: that, 창문: that, 지우개: this

QUIZ *p.25*

❶ that **❷** It

QUIZ *p.26*

❶ these **❷** Those

STEP 3 *p.27*

1 this, these, those
2 **❶** that **❷** This **❸** Those
 ❹ These **❺** It
3 **❶** that **❷** this
 ❸ those **❹** These
4 **❶** Is this your bag?
 ❷ Do you like that?

UNIT 5 인칭대명사

Think & Write *p.28*

예시 답안 이름: 김예지, 인칭대명사: she

QUIZ *p.29*

❶ me **❷** She

QUIZ *p.30*

❶ mine **❷** his

STEP 3 *p.31*

1 인칭대명사
2 **❶** she **❷** he **❸** he
 ❹ she **❺** he **❻** she
3 **❶** my **❷** His **❸** their
 ❹ ours **❺** Her **❻** your
4 **❶** him **❷** it **❸** them
 ❹ her **❺** me

UNIT 6 동사

Think & Write *p.32*

예시 답안 eat, drink, sleep

QUIZ *p.33*

❶ ∨ eat, ∨ run **❷** ∨ swim, ∨ go

QUIZ *p.34*

❶ cried **❷** cries

STEP 3 *p.35*

1 일반동사, 조동사
2 **❶** eat **❷** is
 ❸ speak **❹** learns
3 **❶** am **❷** is
 ❸ is **❹** are
4 **❶** 수영을 할 수 있어요
 ❷ 수영을 해야만 해요
 ❸ 수영을 할 거예요
5 **❶** is, are, am
 ❷ cry, eat, go, watch
 ❸ must, will, can

UNIT 7 형용사

Think & Write — p.36

예시 답안 happy, cute, pretty

QUIZ — p.37

① tall ② scary

QUIZ — p.38

① many ② much

STEP 3 — p.39

1 형용사

2 ① new ② interesting
  ③ pretty ④ delicious

3 ① tall, short ② sad, happy
  ③ kind, unkind ④ hot, cold
  ⑤ wet, dry

4 ① many ② much ③ many
  ④ much ⑤ many

UNIT 8 부사

Think & Write — p.40

예시 답안 well

QUIZ — p.41

① quietly ② luckily
③ angrily ④ badly

QUIZ — p.42

① always ② never

STEP 3 — p.43

1 동사, 형용사, 부사

2 ① nice ② carefully
  ③ noisy ④ brightly

3 ① sadly ② 친절하게 ③ easily
  ④ 행복하게 ⑤ slowly ⑥ safely

4 ① often ② always
  ③ never ④ sometimes
  ⑤ usually

PART 1 Review Test — pp.44-46

1 ① teacher, book ② Andy, Seoul
  ③ milk ④ Chris, Korean
  ⑤ Amy, bike ⑥ Dan, student

2 ① carrots ② dishes ③ puppies
  ④ deer ⑤ watches ⑥ children
  ⑦ brothers ⑧ teeth

3 ① a ② an
  ③ a ④ an

4 ① an ② a ③ a
  ④ an ⑤ the ⑥ the

5 ① that ② Those ③ This
  ④ It ⑤ These

6 ① He ② His ③ him
  ④ her ⑤ They

7 ① his ② mine ③ yours
  ④ theirs ⑤ hers

8 ① can ② must ③ will
  ④ can ⑤ will

9 ① many ② much
  ③ many ④ much

10 ① angry ② kindly
  ③ perfect ④ carefully

3

4

3 ① walks ② ride
  ③ take ④ drives
4 ① s ② es ③ es
  ④ es ⑤ s

UNIT 12 일반동사의 부정문

Think & Write *p.60*

예시 답안 I do not eat apples.

QUIZ *p.61*

① don't like ② doesn't

QUIZ *p.62*

① never ② never eats

STEP 3 *p.63*

1 ① do ② does
2 ① doesn't ② eat
  ③ don't have ④ don't go
  ⑤ doesn't play
3 ① don't ② doesn't ③ don't
  ④ doesn't ⑤ doesn't
4 ① never eats
  ② never wears
  ③ never reads
  ④ never ride
  ⑤ never watch

UNIT 13 일반동사의 의문문

Think & Write *p.64*

예시 답안 Do, milk

QUIZ *p.65*

① Do you ② Does

QUIZ *p.66*

① do ② doesn't

STEP 3 *p.67*

1 Do, Does
2 ① Do ② Does ③ Does
  ④ Do ⑤ Does
3 ① Do ② Do ③ Does
  ④ Do ⑤ Does
4 ① I do ② she does
  ③ I don't ④ he doesn't

UNIT 14 현재진행형

Think & Write *p.68*

예시 답안 study

QUIZ *p.69*

① I'm listening ② are studying

QUIZ *p.70*

① Are they playing soccer?
② Is he cleaning the room?

STEP 3 *p.71*

1 -ing
2 ① am reading ② is studying
  ③ is singing ④ is cooking
  ⑤ is sleeping ⑥ is dancing

3 ❶ like　　　❷ is playing
　 ❸ is watching　❹ is talking
　 ❺ is writing

4 ❶ Is　　　❷ Are
　 ❸ Is, listening　❹ Are, making

UNIT 15 be동사의 과거형

Think & Write *p.72*

예시 답안　was happy

QUIZ *p.73*

❶ were　　　❷ was

QUIZ *p.74*

❶ Was it　　❷ Were they

STEP 3 *p.75*

1 was, were

2 ❶ was　　❷ were　　❸ was
　 ❹ were　　❹ were

3 ❶ was　　❷ was　　❸ were
　 ❹ he was　　❺ was not(=wasn't)
　 ❻ he was not(=wasn't)
　 ❼ were not(=weren't)

4 ❶ are　　❷ were　　❸ is
　 ❹ was　　❺ are　　❻ were

UNIT 16 일반동사의 과거형

Think & Write *p.76*

예시 답안　I played computer games.

QUIZ *p.77*

❶ watched　　❷ cried

QUIZ *p.78*

❶ cut　　❷ told　　❸ saw　　❹ thought

STEP 3 *p.79*

1 -ed

2 ❶ brushed　　❷ studied
　 ❸ played　　❹ stopped

3 ❶ lived　　❷ danced
　 ❸ washed　　❹ helped

4 ❶ know, knew　　❷ sees, saw
　 ❸ make, made　　❹ eats, ate

5 ❶ put　　❷ bought
　 ❸ cut　　❹ told

UNIT 17 과거 의문문

Think & Write *p.80*

Did

QUIZ *p.81*

❶ Did　　　❷ Did, help

QUIZ *p.82*

she did not(=didn't)

STEP 3 *p.83*

1 Did

2 ❶ Did　　❷ Do　　❸ Does　　❹ Did

3 ❶ Did, pass　　❷ Did, clean
　 ❸ Did, go　　❹ Did, kick
　 ❺ Did, cry

4 ① did   ② did not(=didn't)
③ did   ④ did
⑤ did not(=didn't)

PART 2   **Review Test**   *pp. 84-86*

1 ① is   ② am
③ Are   ④ are not
⑤ Is

2 ① likes   ② play
③ read   ④ watches
⑤ take

3 ① doesn't   ② don't
③ don't   ④ doesn't
⑤ doesn't

4 ① like   ② Do
③ Does

5 ① Is, studying   ② Is, buying
③ Are, walking   ④ Are, listening

6 ① was   ② was
③ was   ④ were

7 ① cut   ② gave
③ came   ④ ate
⑤ lived   ⑥ bought

8 ① Does   ② Did
③ Did   ④ Does

9 ① Did, go   ② Did, cut
③ Did, study   ④ Did, buy

10 ① I don't   ② she does
③ he did   ④ I didn't

PART 3
동사 따라잡기 ②

UNIT 18   미래 시제

Think & Write   *p.88*

예시 답안   read a book

QUIZ   *p.89*

①

QUIZ   *p.90*

① Is he going to buy it?
② Are you going to wear it?

STEP 3   *p.91*

1 동사원형

2 ① are   ② is   ③ am
④ is   ⑤ are

3 ① Is he going to
② Are you going to
③ Is she going to
④ Are they going to

4 ① am going to clean
② is going to visit
③ is going to play
④ is going to read
⑤ are going to watch

UNIT 19   조동사 will

Think & Write   *p.92*

예시 답안   go to Jeju Island

8

① should　② shouldn't

① 남동생/형/오빠를 돕는 게 좋겠어요.

② 숙제를 하는 게 좋겠어요.

STEP 3 *p.107*

1 should

2 ① should　② shouldn't
　③ should　④ should
　⑤ should　⑥ should
　⑦ shouldn't

3 ① should, study
　② should, clean
　③ should, take
　④ should, finish
　⑤ should, come

UNIT 23 현재완료

Think & Write *p.108*

예시 답안　have, Spanish

QUIZ *p.109*

① have seen　② have been

QUIZ *p.110*

① Have you seen a camel?

② Have you been to India?

STEP 3 *p.111*

1 과거분사

2 ① seen　② met
　③ eaten　④ been

3 ① Have you been to Thailand?
　② Have you eaten bibimbap?
　③ Have you lived in Seoul?

4 ① I, have　② I, haven't
　③ I, haven't　④ Yes, I, have

PART 3 **Review Test** *pp. 112-114*

1 ① be　② tell　③ are
　④ Is　⑤ Are

2 ① will be　② is　③ Will
　④ Did　⑤ will go　⑥ went

3 ① won't　② will　③ will
　④ will　⑤ won't　⑥ won't

4 ① can　② can't　③ can

5 ① Can　② Will　③ Can
　④ Can　⑤ Will

6 ① must　② must　③ mustn't
　④ mustn't　⑤ must

7 ① 그들은 피곤하겠군요.
　② 그녀는 행복하겠구나.
　③ 너는 안경을 써야 해.
　④ 우리 아빠는 내일 출근하셔야 해요.

8 ① read　② been
　③ seen　④ eaten

9 ① We have played golf.
　② I have been to Paris.
　③ Have you met the movie star?
　④ They have seen the movie.
　⑤ He has written many novels.

PART 4
뭐든지 물어볼 수 있는 의문사

UNIT 24 의문사 what

Think & Write p.116

예시 답안 What is your name?

QUIZ p.117

What do

QUIZ p.118

① What time ② What color

STEP 3 p.119

1 what

2 ① What, 이름 ② What, 취미
   ③ What, 전화번호 ④ What, 음식

3 ① want ② like ③ need
   ④ have ⑤ do

4 ① What day is it?
   ② What color is this?
   ③ What grade are you in?
   ④ What movie did you see?

UNIT 25 의문사 who

Think & Write p.120

예시 답안 Who is she?

QUIZ p.121

① is ② are

QUIZ p.122

① 누가 당신에게 말했나요? (누구한테 들었나요?)

② 누가 이 샌드위치를 만들었나요?

STEP 3 p.123

1 who

2 ① is ② are ③ Who, is
   ④ Who, is ⑤ Who, are

3 ① were ② is ③ was
   ④ were ⑤ are

4 ① ate ② won ③ gave
   ④ says ⑤ wrote ⑥ knows

UNIT 26 의문사 when

Think & Write p.124

예시 답안 When is Jiho's birthday?

QUIZ p.125

① When ② does

QUIZ p.126

① When ② What time

STEP 3 p.127

1 언제

2 ① did ② do ③ is ④ did

3 ① When ② What, time
   ③ What, time ④ When

4 ① When is the picnic?
   ② When is the concert?
   ③ When is summer vacation?
   ④ What time do you go to bed?

UNIT 27 의문사 where

Think & Write
p.128

예시 답안 Where, eraser

QUIZ
p.129

❶ Where are my shoes?

❷ Where do you eat lunch?

QUIZ
p.130

❶ did   ❷ did

STEP 3
p.131

1 where

2 ❶ are   ❷ are
  ❸ Where, is ❹ Where, are

3 ❶ is   ❷ are   ❸ are
  ❹ does   ❺ do

4 ❶ Where were my sisters?
  ❷ Where do you play soccer?
  ❸ Where were my shoes?
  ❹ Where did you live?

UNIT 28 의문사 how

Think & Write
p.132

예시 답안 How are you?

QUIZ
p.133

❶ How   ❷ big is

QUIZ
p.134

❶ many   ❷ much

STEP 3
p.135

1 How many, How much

2 ❶ are   ❷ is   ❸ How, is
  ❹ How, are   ❺ How, are

3 ❶ many   ❷ much   ❸ much
  ❹ many   ❺ many

4 ❶ fast   ❷ old   ❸ big
  ❹ tall   ❺ much

UNIT 29 의문사 why

Think & Write
p.136

Why is the sky blue?

QUIZ
p.137

❶ are   ❷ is

QUIZ
p.138

❶ Why do   ❷ Why don't

STEP 3
p.139

1 why

2 ❶ is   ❷ are
  ❸ Why, is   ❹ Why, are

3 ❶ do   ❷ does
  ❸ do   ❹ did

4 ❶ Why are you angry?
  ❷ Why do we study?
  ❸ Why does he fight?
  ❹ Why don't you see a doctor?
  ❺ Why don't you be on time?

PART 4 Review Test *pp. 140-142*

1 ① What ② Which
  ③ What ④ What

2 ① Whose ② Who ③ Whose
  ④ Who ⑤ Who

3 ① do ② did
  ③ was ④ does

4 ① What time
  ② What time
  ③ When

5 ① do ② did
  ③ did ④ does

6 ① When ② What
  ③ Where ④ Whose

7 ① What ② When
  ③ Where ④ Who

8 ① How, old ② How, many
  ③ How, much ④ How, tall

9 ① is ② were
  ③ are ④ was

10 ① do ② don't
  ③ do ④ don't

PART 5
영문법 탄탄하게 다지기

UNIT 30 시간 전치사

Think & Write *p.144*

예시 답안 at, 8 o'clock

QUIZ *p.145*

① at ② on

QUIZ *p.146*

① after ② before

STEP 3 *p.147*

1 전치사

2 ① at ② on ③ at
  ④ on ⑤ in ⑥ in

3 ① at ② in ③ at
  ④ in ⑤ at ⑥ on

4 ① before ② after ③ before
  ④ after ⑤ after

UNIT 31 장소 전치사

Think & Write *p.148*

예시 답안 pen, on

QUIZ *p.149*

① in ② under

QUIZ *p.150*

① in front of ② next to

STEP 3 *p.151*

1 under

2 ① on ② under ③ in
  ④ in ⑤ on

3 ① under ② next to ③ in
  ④ behind ⑤ in front of

4 ① next to ② in
  ③ on ④ under

12

Think & Write   *p.152*

예시 답안   There is a chair.

QUIZ   *p.153*

① is   ② Are

QUIZ   *p.154*

① is, no   ② are, no

STEP 3   *p.155*

1 단수 명사, 복수 명사

2 ① is   ② are   ③ are   ④ is

3 ① Is there   ② Is there
  ③ Are there   ④ Are there

4 ① There are no   ② There is no
  ③ There are no   ④ There is no

5 Are there five balls in the box?

UNIT 33   명령문

Think & Write   *p.156*

예시 답안   Wake up!

QUIZ   *p.157*

① Don't   ② Let's

QUIZ   *p.158*

① Be quiet.   ② Be kind.

STEP 3   *p.159*

1 동사원형

2 ① Come   ② Follow   ③ Go
  ④ Wash   ⑤ Don't make

3 ① Be   ② Don't   ③ Don't
  ④ Let's   ⑤ Do   ⑥ Be

4 ① Let's meet at 5 o'clock.
  ② Don't forget about it.

UNIT 34   비교급

Think & Write   *p.160*

예시 답안   Thomas, er

QUIZ   *p.161*

① smarter   ② older

QUIZ   *p.162*

① better   ② worse

STEP 3   *p.163*

1 형용사

2 ① smaller   ② taller   ③ kinder
  ④ wiser   ⑤ cuter   ⑥ longer

3 ① better   ② more beautiful
  ③ worse   ④ more delicious
  ⑤ less   ⑥ much

4 ① shorter   ② more, expensive
  ③ faster   ④ older
  ⑤ more, interesting

UNIT 35 최상급

Think & Write
p.164

the, est

QUIZ
p.165

❶ funniest   ❷ most difficult

QUIZ
p.166

❶ best   ❷ worst

STEP 3
p.167

1 -est

2 ❶ shortest   ❷ luckiest
  ❸ most famous   ❹ biggest
  ❺ longest

3 ❶ the, tallest   ❷ the, largest
  ❸ the, easiest   ❹ the, nicest
  ❺ the, hottest

4 ❶ best   ❷ worst
  ❸ most   ❹ least

UNIT 36 접속사

Think & Write
p.168

예시 답안   and, but

QUIZ
p.169

❶ and   ❷ but

QUIZ
p.170

❶ or   ❷ and

STEP 3
p.171

1 접속사

2 ❶ or   ❷ and   ❸ and   ❹ or
  ❺ and   ❻ or   ❼ and   ❽ and

3 ❶ and   ❷ but   ❸ or   ❹ but
  ❺ or   ❻ but   ❼ but   ❽ and

UNIT 37 비인칭 주어 it

Think & Write
p.172

예시 답안   It is 10:15.

QUIZ
p.173

❶ It   ❷ It

QUIZ
p.174

❶ is, it   ❷ It, is

STEP 3
p.175

1 비인칭 주어

2 ❶ It   ❷ cold
  ❸ raining   ❹ is

3 ❶ What time is it now?
  ❷ It is July 3rd.
  ❸ Is it Wednesday?
  ❹ It is snowing.

4 ❶ 예시 답안   It is 3:20.
  ❷ 예시 답안   It is Tuesday.
  ❸ 예시 답안   It is August 4th.
  ❹ 예시 답안   It is sunny.

UNIT 38 동명사

Think & Write
p.176

studying, playing

QUIZ
p.177

❶ playing ❷ drawing

QUIZ
p.178

❶ making ❷ swimming

STEP 3
p.179

1 동명사

2 ❶ running ❷ drinking ❸ coming
  ❹ dancing ❺ cleaning ❻ lying

3 ❶ laughing ❷ raining
  ❸ making ❹ reading
  ❺ playing ❻ jogging

4 ❶ I enjoy skiing in the winter.
  ❷ Playing computer game is fun.

UNIT 39 to부정사 맛보기

Think & Write
p.180

예시 답안 to, tacos

QUIZ
p.181

❶ to eat ❷ like

QUIZ
p.182

❶ 그녀는 새로운 게임을 가지고 있어요.

❷ 그녀는 할 새로운 게임을 가지고 있어요.

STEP 3
p.183

1 동사원형

2 ❶ to be ❷ want to ❸ to meet
  ❹ learn ❺ to be

3 ❶ to, skate ❷ to, travel ❸ to, play
  ❹ to, study ❺ to, walk

4 ❶ to, drink ❷ to, eat ❸ to, do
  ❹ to, say ❺ to, read

UNIT 40 수여동사

Think & Write
p.184

예시 답안 Jane, an umbrella

QUIZ
p.185

❶ teaches me math

❷ her this book

QUIZ
p.186

❶ me a doll ❷ a doll to me

STEP 3
p.187

1 수여동사

2 ❶ Give ❷ made, me ❸ bought, her
  ❹ me ❺ Show ❻ me

3 ❶ a gift to ❷ to me ❸ bread to
  ❹ to Sarah ❺ to me

4 ❶ He bought me some flowers.
  ❷ I sent a card to Tina.
  ❸ I gave her a chance.

PART 5 Review Test _pp. 188-190_

1 ① on ② at ③ in
④ after ⑤ before

2 ① under, on
② in front of, behind
③ in, next to

3 ① is ② are
③ Are ④ are

4 ① Listen ② Be
③ Wear ④ Do

5 ① colder ② bigger
③ heavier ④ more interesting
⑤ better

6 ① the smartest
② the luckiest
③ the tallest
④ the most beautiful

7 ① and ② but ③ or

8 ① It ② It
③ Show, me ④ Give, to

9 ① to drink ② to be
③ to show ④ to buy
⑤ eating ⑥ singing

15 빈도부사
16 am, is
17 현재진행형
18 were, ate
19 will
20 can
21 must
22 should
23 현재완료
24 what
25 who
26 when
27 where
28 how
29 why
30 전치사
31 There are
32 Don't(=Do not)
33 형용사
34 more
35 most
36 접속사
37 비인칭 주어
38 동명사
39 to부정사
40 수여동사

부록②

영문법 개념 총정리 테스트

_pp. 197-200_

1 명사
2 대문자
3 an
4 the
5 지시대명사, these
6 인칭대명사, she
7 him, us
8 우리의, 그들의
9 mine, his
10 (일반)동사
11 조동사
12 be동사
13 형용사
14 부사

한 권으로 교과서 영문법
기초 개념을 탄탄하게!

1 두 달 학습으로 초등 교과서 영문법 끝내기!
초등학교 3~6학년 교과서에 담긴 문법을 모두 모아 한 권에 담았어요. 2개월 단기 학습으로 초등 필수 영문법 기초 개념을 확실하게 습득해요.

2 쉽고 재미있게 완독 가능한 단계별 개념 학습!
흥미로운 '스토리 만화'로 문법 개념의 틀을 잡아요. 실용적인 예문과 친절한 설명을 통해 문법을 처음 공부하는 어린이도 쉽게 이해할 수 있어요!

3 영문법 핵심 개념을 꼭꼭 다지는 온라인 퀴즈!
혼동하기 쉬운 문법 내용을 e클래스 온라인 퀴즈로 꼼꼼하게 정리하고, 부록의 총정리 테스트로 중요한 문법 개념을 확실하게 마스터해요.

스마트폰으로 QR코드를 스캔하면 음원 파일과 온라인 자료를 바로 확인할 수 있습니다.

MP3+자료　　길벗스쿨 e클래스　eclass.gilbut.co.kr

초등 필수 영어 무작정 따라하기

초등 시기에 놓쳐서는 안 될 필수 학습은 바로 영어 교과서!
영어 교과서 5종의 핵심 내용을 쏙쏙 뽑아 한 권으로 압축 정리했습니다.
초등 과정의 필수학습으로 기초를 다져서 중학교 및 상위 학습의 단단한 토대가 되게 합니다.

1~2학년	2~3학년	2~3학년	3학년 이상	4학년 이상

미국교과서 리딩

문제의 차이가 영어 실력의 차이! 논픽션 리딩에 강해지는《미국교과서 READING》
논픽션 리딩에 가장 좋은 재료인 미국 교과과정의 주제를 담은 지문을 읽고, 독해력과
문제 해결력을 두루 향상시킬 수 있도록 구성한 단계별 리딩 프로그램

LEVEL 1	LEVEL 2	LEVEL 3	LEVEL 4	LEVEL 5
준비 단계	시작 단계	정독 연습 단계	독해 정확성 향상 단계	독해 통합심화 단계